擇日風水尅應

繼大師 著

#《擇日風水尅應》

繼大師著

目錄

自序

繼大師

在擇日學問中，除了嫁娶、入伙、祭祀、出門、就職、開幕、奠基、安座神位等種種儀式之外，在陰宅風水方面，最重要的是擇日安碑，無論重修或是落葬，擇日配合風水墳穴上的修造，是最能發揮擇日的效果。在正五行擇日法中，筆者繼大師已經出版了一套有系統的正五行擇日系列書籍，雖然有擇日的方法，但最終還是看其尅應，這樣才能証明這種正五行擇日法的功能。正所謂：「有證有驗。」

當筆者繼大師隨　呂師（明心居士）學習風水期間，呂師說他教風水的原則是：

（一）職業風水師不教。

（二）個人風水經驗不教。

曾經有一位師兄號召我們一班同門飲茶，筆者以為是聚舊，殊不知是提出一番論調，謂　呂師有很多東西不教我們，說師父的不是，要求我們聯手向　呂師提出，逼使師父教我們多一些風水秘訣。本人的想法是，師父有教學的自由，不能勉強師父的意願，師父說出這些原則，一定有他的道理，自此之後，彼此甚少來往。

在過去的數十年間，筆者繼大師在風水界中的所見所聞，對於風水尅應的事，已經有一定程度的掌握，這些都是本人的寶貴經驗，於是著手整理資料，把過去的經驗毫無保留地寫出，願與各讀者分享。

此書命名為：

《擇日風水尅應》

書中內容，真人真事，全部屬實，不過將人物名字隱去，免生是非。故事內容，有風水尅應的重要口訣，對於推算風水尅應所發生的時間，有一定的準確性，所謂：「雖不中。不遠矣。」

此書的前三份一部份內容，述說日課在日常生活中的種種尅應事蹟，可以說，時間是宇宙一種大天機，加上人命生年，造就出不同的人生軌跡，這些符號，演算出來，就是「命運」。

其餘部份，內容以造葬陰宅祖墳為主，「時間」再加上陽宅或陰墳的「方向、方位」對陽間人命生年的影響，是為擇日修造後的尅應。本書部份內容透過故事形式，闡述出尅應的微妙道理，全部過案，真實不虛。

時空地域，影響着我們每一個人，加上自己的修為，就是「天時、地利、人和」，我們活在五行中，真的是身不由己，一切都是「氣數」所使然。

這正是：

《擇日風水尅應》書中口訣有：

「天干地支尅應法、空亡口訣、雙山雙向法、壽元尅應口訣、煞水尅應法、催丁口訣、三煞都天的尅應、安碑對地師的尅應、貪狼局法、日課對小孩八字的尅應……」

這正是：

書中有風水故事。
故事中有經驗。
經驗中有風水學問。
學問中有口訣。

這些口訣名為**《太歲年份生肖吉凶斷驗法》**，都在實踐中所得，學習者必須有一定程度上的風水學識，加上明師教授，方能明白，此書透過用事案例為導引，細玩自明，是為序。

繼大師寫於香港明性洞天
己亥年仲夏吉日

（一）命運掌管風水

繼大師

筆者繼大師於 2015（乙未年）到北京旅遊，偶而參觀北京寶樹堂藥業有限公司，公司大樓建於平地上，樓門開中間，由平地行上數級石級上大樓地下大門，樓前一大片四方形平地作明堂，四週有圍欄，生氣凝聚於堂前，平地可供泊車，大樓坐東向西，方向開陽，格局一般，沒有什麼特別之處，其實在它的西面遠處，就是位於門頭溝區潭柘寺鎮的「定都峰」山脈，故門開逆水大局。筆者繼大師量度其向度時，發覺它為父母大卦，向度當旺。

據導遊說，於1993年 5 月 10 日，泰國湄公河工場大火，（Kader Toy Factory，Sam Phran）引致 188 人死，488 人燒傷，災情嚴重，當時各國均捐錢救災，由於寶樹堂公司剛成立不久（公司于1989 成立，1990 年投產），資金有限，剛好公司出產的藥膏就是專門醫治燒傷燙傷的，於是公司把大量寶樹堂監製的寶膚靈（現稱「複方樟腦乳膏」）捐出。

此事過後，不到一年，突然出現有很多泰國人到北京寶樹堂公司買這「寶膚靈」藥膏，公司職員好奇，問他們買藥的原因，他們說在泰國湄公河工場大火燒傷的人，因為用了此藥膏，皮膚很快復原，效果非常理想，於是一傳十，十傳百，很多泰國人爭相請購，於是請去北京旅遊的朋友們代為購買。

自此之後，這藥膏名揚海外，價格飆升，生意興隆，業務蒸蒸日上，公司適逢此機遇，正是時也運也，無不與它的公司大樓風水有關，單是堂局、向度、收逆水，沒有犯上界水及形煞，就有如此機遇。

以下有一個與此時運相反的案例，筆者繼大師於2013年（癸巳）勘察廣東江門蓬江區棠下鎮以北兩公里的良溪古村，南宋紹興元年（1131年），羅貴先生因避皇難，從廣東北面之南雄珠璣巷遷徙至良溪，同行有36姓97戶人家，後來羅姓成了良溪村的大族，各姓的後代子孫約有五百多戶。

在清、雍正年間，良溪出了一位朝廷京官，但在壯年病逝，其妻吳氏，終身守節，把獨子養育成材，又事奉家翁姑嫂，無微不至，事情傳到朝廷裏，於是雍正皇帝封賜「節孝牌坊」橫匾給她，牌坊建於乾隆元年（公元1736）。

當她住所圍門正門口頂上的「節孝牌坊」剛建成後不久，她的獨子因意外事故身亡，吳妻昔日喪夫，今又喪子，悲痛萬分，真是命運坎坷。據筆者繼大師之經驗，凡陰陽二宅修造，時值煞運皆不宜施工，封賜牌坊是好事，帶來凶險意外是壞事，真是「福兮禍所伏。禍兮福所倚。」

風水祖師蔣大鴻先生在他的著作**《蔣公字字金》〈第十一篇 — 三元氣運〉**內有云：**「三元氣運。分別衰旺。衰死莫修。生旺宜速。逢時知士。隨元安放。運若未到。空勞夢想。衰運之墳。千萬莫修。煞氣驚動。一門立休。百禍相侵。神盡難救。勿動為吉。尋吉補助。得運之地。如種及時。速種速發。……」**

這就是「時值煞運，不宜施工。」如蔣公所言：「衰運之墳。千萬莫修。煞氣驚動。一門立休。百禍相侵。」修造陰陽二宅，其理相通，但吳氏沒有任何選擇，皇帝封賜「節孝牌坊」，那能違抗聖旨，這就是命運也。

後來村民見吳氏的「節孝牌坊」被一堵牆壁遮擋著，他們並不知道真正原因，成為一個啞謎，據筆者繼大師推測，他們是利用風水牆來補救，皇帝正是「好人做壞事」，此皆「時也運也」，人死不能復生，用牆壁封閉牌坊也無補於事，但可以阻止凶事繼續惡化。

所以古云：**「一命二運三風水。」**個人的命運，實凌駕於風水。寶樹堂公司大樓在當運時建做，時運一到，即逢商機而致富。即是：「得運之地。如種及時。速種速發。」而良溪村吳氏的「節孝牌坊」橫匾，正是：「煞氣驚動。一門立休。百禍相侵。」兩者成一強烈對比，皆是命運之所然，勸勉大家，多修善功，與人方便，唯有「修心、行善」始可以改變命運。

所謂：**「皇天無親。惟德是輔。」**正是：**「善有善報。惡有惡報。若然不報。時辰未到。」**一切都在因果之中。

《本篇完》

（二）命運主掌時日的尅應

繼大師

有一間公司，其入口有一玄關，「玄關」就是入了大門後，再出現第二個門口，兩個門口中間處有一空間，如接待處等，一天在玄關處壞了一支光管，需要更換，但因各人工作繁忙，卻延遲了一個多星期後始更換，老闆是一個信風水之人，略知一點擇日常識，他想擇日安裝。

有一日，在未有知會他的情況下，其下屬突然自行更換，待他知道之時，已經更換完成，老闆翻查通勝，發覺該日是立秋前一天，剛好是四絕日，無奈已經成了事實，他心裡總是覺得有一種暗示，將有不好的事情發生。

未幾，約兩周後，公司其他一位同事，有一天突然發覺自己手腳無力取東西，容易跌倒，以為是傷風感冒及工作疲倦吧了，誰不知回家睡覺第二天後，即時中風，說話含糊不清，情況並不樂觀，幸好他平時預備了安宮牛王解毒丸的特效中藥，隨時服用，可解一時之困，經過數月的醫治及調理，身體漸漸復原，算是不幸中之大幸了。

從這件事件中，筆者繼大師認為，一切意外發生的事情，似乎有徵兆，記得筆者小時聽老師講故事，說古時有一位得道高人雲遊四海，經過一條村莊，內有祠堂，門口有一對石獅子鎮守，高人知道將會有大水災把村莊淹沒，於是找到村長，招集眾人對他們說，這裡將會發生洪水，會淹沒家園，當祠堂門口的一對石獅子雙眼流血時，就是發生災難的時刻，眾人喘之以鼻，認為根本無可能。

大約過了兩三個月，晚上一名頑童拿了豬血，塗抹在一對石獅子的雙眼上便離去，翌日，消息傳遍全村，眾人都不相信，只有一戶忠厚人家，收拾簡單的行李，走到別處親戚的村莊暫避。不到三日，果然傾盆大雨，發生大水災，全村皆淹沒，死傷無數，只有這戶人家幸免於難。

雖然是個故事，但無論吉凶禍福，都有其先兆，我們只要及早捉着先機，有了心理準備，及早趨避，就不會驚恐無措，道家說氣數，佛家說因果，是宇宙自然界一個不滅的定律。

以上事例，就是凶事將發生的時候，會透過日課的沖犯而產生尅應的凶事，我們若事先知道，加以防範，務求達到將凶事減至最低，但這當中必然會有因果存在，若要避免凶險，當然要廣種善因，若惡因消除，惡果亦滅，透過日課的觀察，以求達到趨吉避凶的目的，這個就是我們學術數的目的。

《本篇完》

（三） 日課的傳奇

繼大師

友人亡父早年過世，骨灰安放在一處公眾大廈式的骨灰龕位上，面臨海邊，去年（丁酉年）夏天，友人接到墳場職員通知，謂因颱風關係，把骨灰龕位上的雲石碑吹爆了，通知他重修，於是急忙前往去瞭解，其損壞情況不算嚴重，換上新碑便可以，於是擇日重新安碑。日課八字為：

丁酉 年
庚戌 月
甲申 日
壬申 時

此日課配以「辛亥」命，骨灰龕位之坐山為「庚」山，此日課不算是大格局，只取地支西方三會金局之「申酉戌」，配以「庚」金山，乃同旺局，坐山「金」可謂極旺矣。

「庚」山之祿在日課日、時之「申」支上，日課本身之「庚」月干與坐山同旺，「庚」之祿亦同在日課日、時之「申」支上，助旺「庚」山。

日課三會「申酉戌」西方金，以「酉」為中心，「辛」人命之祿到日課「酉」支上，大旺人命，雖然日課「丁」年干剋「酉」支人命，丁為人命之七煞，一個未為凶也。

日課「壬申」時，「壬」干之祿到人命「亥」支上，雖然「辛」干人命之陽刃到日課日、時之「申」支上，由於日課是三會「申酉戌」西方金格局，所以不作個別「申」支看，故不作「陽刃」之關係，只作三會金看。

此日課配「庚」山命及「辛亥」人命最為恰當，日課地支三會金生「亥」水支人命，又大旺「庚」金山，非常吉祥。

在此之前，友人已經生了兩個女兒，沒有男丁，妻子都説不再生了，安碑當日，非常順利，一切吉祥如意，但奇怪的事發生了，安碑後不到兩週，妻子竟然懷孕，亦很樂意生產，心情舒暢，預產期為2018年7月至8月，結果在7月28日申時生了一個男孩，後繼香燈，兩人非常高興，終於得償所願。兒子的八字為：

戊戌　年
己未　月
辛酉　日
丙申　時

這八字與擇日安碑的八字，地支竟然差不多，又是「申、酉、戌」三會金局，雖然有「未」月支相隔，但不減三會金局之力。

筆者繼大師覺得，人生吉凶禍福難料，冥冥中都是命運的安排，打風吹爛碑是禍，生得男丁是福，因禍得福，擇日日課給靈位安碑，竟然求得一子，更影響了兒子的生辰八字，真是意料之外，無論擇日造葬，或安座骨灰龕位，陰宅的擇日日課，影響至大，不可疏忽，稍有錯漏，凶禍立見，故此造葬陰宅，宜請明師擇日。

《本篇完》

（四）四絕日的剋應

繼大師

於陽曆2019年2月3日是「四絕日」，為每年立春交節前一日，剛好為戊戌年農曆十二月廿八，還未踏入己亥年。

依照曆法計算，以每年立春節氣日為新的一年開始，由於己亥年沒有出現立春日，故屬於「盲年」，所以沒有潤月。

在2月3日下午，日課四柱為：

戊戌　年
乙丑　月
辛未　日
丙申　時

日課為月破日，日、月干支天剋地沖，又是四絕日，筆者繼大師收到一封由Google 發出的電郵，謂 Google Plus 服務由於用戶減少，將會全綫停止運作，有兩個月時間給個用戶備份電郵信箱資料，其他服務不受影響。原本是4月1日生效，因為是愚人節，怕被人誤會是個笑話，並於2009年4月2日執行，筆者繼大師查其日課四柱為：

己亥　年
丁卯　月
己巳　日
甲子　時

剛好「己亥」年與「己巳」日，地支相沖，是日為「歲破」日，破者敗也，停止服務皆相應此日課，絕者滅也，Google Plus 由發出停止服務訊息與執行日期，均是「月破」及「歲破」日，大大相應了日課的破敗，真的不需要擇日子了，自然而然，一切似乎都是定數。

《本篇完》

（五） 日課的預兆

繼大師

一天某人在公司工作中，突然頭頂上的黃色光管燒壞而閃爍，當時是 11：10 am，於是連忙替換，他看看日課，原來是剛踏入破時，日課四柱如下：

戊戌　年
庚申　月
戊子　日
戊午　時

「子」日「午」時，頭頂上燒了一支黃光管，天干三個「戊」及一個「庚」，此人剛好屬「未」支，日課四個天干全到「未」命，「未」命與「午」時成地支六合化日月，「申」月「子」日，本來是半三合水局，但被「午」時支沖破，「午」時與「戌」年，雖然不合，但其關係是半三合火局，水火相沖，剛好應了黃色光管壞掉，因為天干同為「戊」土，所以是相沖中最為輕微的一種。

此人不懂「梅花心易」，但相信發生燒光管的時間，一定有其意思的，或意味着有什麼事將會發生，一小時後（12：15pm），他的「丑」命友人突然來電通知說已經煮了中午飯，可以在一點後前來吃，「丑」命與「子」日六合土，煮飯的人屬於「午」

命，吃飯時間是「未」時，「午」命與「未」時六合日月（屬火土），日課四柱是：

戊戌　年
庚申　月
戊子　日
己未　時

剛好日課「未」時是「年、月、日」兩「戊」一「庚」的貴人時，「己」時干及此人「乙」命干的貴人到日課的「申」月支及「子」日支上，全部貴人都出現，「子」日沖「午」時燒黃光管，繼大師認為有「丑」命支合「子」日支作解神，通報在「未」時有飯吃，「午」人命支合「未」時（吃飯時間），「午」時支火沖「子」日支水，卦象是水火既濟，「坎」為煮飯，一切似乎有定數，物有動象，事則有應，此乃相應之氣機也。

雖然不是「梅花心易」，但有一派文王卦是用日課起卦，稱為「時間卦」，用日課干支八字的數據去推算未來，則暫時還沒有這派，不過物動心動，有卦象則可測知未來，此法門有待發展。

《本篇完》

（六）坐山間接犯太歲的尅應 ─ 雙山雙向原理

繼大師

有一商廈，平時是私人公司工作，週末及週日租給多位老師教授書法，已經租了十多年，適逢公司擴張營業，想在隔壁較大的單位經營，新寫字樓是長方形，庚山甲向兼酉卯，門口向東，在羅盤廿四山向之「甲」方。

裝修期間，正是2017年丁酉歲，農曆正月尾開始裝修，期間剛好經過農曆二月（卯月為歲破月），雖然不是開工日期，但其間裝修過程中，稍不免會動了歲破月的煞氣，加上單位坐庚兼酉，雖然並非直接沖犯太歲酉方，但「庚」與「酉」、「甲」與「卯」在羅盤廿四山中為「雙山五行」。

筆者繼大師現解釋「雙山五行」原理如下：

在**《河洛精蘊》〈卷八外篇〉**（武陵出版社出版，第279頁）有**「河圖含八干四維十二支廿四向圖」**。

（繼大師註：《河洛精蘊》為江慎修 ─ 江永，在清、乾隆廿四年己卯 ─ 公元1759所著，時年七十九歲。）

天干「戊、己」居中，沒有方向，故只得八天干，為：

「甲、乙、丙、丁、庚、辛、壬、癸。」

地支有十二個，為：

「子、丑、寅、卯、辰、巳、午、未、申、酉、戌、亥。」

四隅卦方為：

西北方「乾」，東北方「艮」，東南方「巽」，西南方「坤」。

「八天干」加「十二地支」，再加「四隅卦」，分佈在一個圓週內，共有廿四字，在羅盤上分出廿四山方位，亦可作為向度。廿四山分出「金、木、水、火、土。」五行，用正五行擇日扶山相主者，就是用日課的五行擇日，去生助廿四山的五行。

廿四山中分出陰陽，共有12對，稱為廿四山中的「雙山五行」，有「陰陽」，又有「五行」，於是乎「陰陽五行」齊備矣。

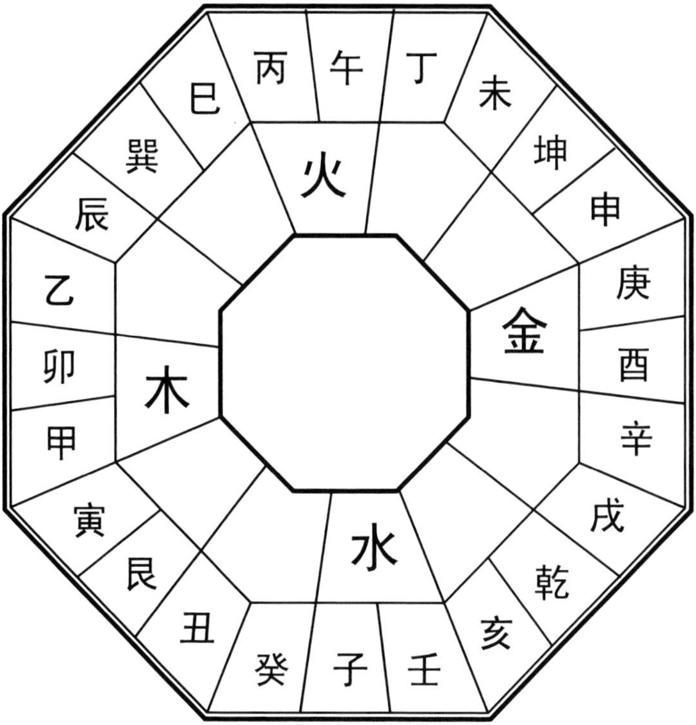

雙山五行圖

「雙山五行」以十二地支為主，配搭八天干及四隅卦，筆者繼大師現列之如下：

「壬、子」、「癸、丑」、

「艮、寅」、「甲、卯」、

「乙、辰」、「巽、巳」、

「丙、午」、「丁、未」、

「坤、申」、「庚、酉」、

「辛、戌」、「乾、亥」。

它們只是在編排上為一組合，其五行是個別分開的，但在正五行擇日法中，其中十二地支方位，若沖上流年太歲之方，是「歲破」方，此為之「大耗」，極凶之神煞，宜避之。

若裝修寫字樓是酉山卯向，擇丁酉年裝修，那麼就是「在太歲頭上動土」了，如洛書紫白星「二黑、五黃」同到太歲方，則是「太歲坐凶方」，動土裝修則容易造成凶險。

如果洛書紫白星的「一白、六白、八白」三顆星中的任何兩顆紫白星同到太歲方，就是「太歲坐吉方」，動土便沒有問題，反而得吉。

但如果以上述裝修事件而論，單位「坐庚兼酉」，雖然並非直接坐太歲「酉」方動土，而是在與「酉」方同雙山五行之「庚」方動土，這並非直接犯太歲，而是間接犯太歲，則它之尅應就會較為輕微。

間接犯太歲之尅應結果是，當新寫字樓裝修工程完畢後，週末及週日租給教授書法的老師及一班學生等人使用，之前學書法的學生，因為不滿無故被指責破壞公物，於是在不動聲息之下，另覓地點，租了新公司後便離去。

結果在整個丁酉年，新寫字樓未曾有新老師租賃，全年損失金額達數萬元。直到丁酉年尾，這班書法學生突然接到新上課地點的戶主通知，謂單位出售，不再放租，於是托書法老師重租回舊址。

當一踏入2018年2月4日立春日之後，丁酉年已過，戊戌年來臨，在丁酉年間接沖「庚」方的煞氣已過，一切又回復正常了，相方氣氛都能和諧，只是破些少財而矣，這樣的尅應，已經是非常輕微的了。

所以我們若懂得擇日的方法，無論在陰陽二宅上，重修或是新建工程，避開凶煞，則一切都能平安順利，吉祥圓滿。

《本篇完》

（七）午時三刻的秘密

繼大師

我們看中國古裝電影或電視劇，常常看到皇帝處斬死囚罪犯，都是千遍一律地在午門斬首，而且行刑時間都是擇於午時三刻，導演應該是依照歷史留傳下來的事實而編寫，究竟為什麼擇於午時三刻來行刑呢？

筆者繼大師首先解釋一下古代時辰的結構，一個時辰相當於現代時間的兩個小時，一個時辰分為八刻，每一刻為現代時間的15分鐘，開始的半個時辰，名為「初」，分為：

初初刻，初一刻，初二刻，及初三刻。

後半個時辰，名為「正」，即是：

正初刻，正一刻，正二刻，及正三刻。

以午時為例：

初初刻 —— 11：00am
初一刻 —— 11：15am
初二刻 —— 11：30am
初三刻 —— 11：45am

正初刻 —— 12：00pm
正一刻 —— 12：15pm
正二刻 —— 12：30pm
正三刻 —— 12：45pm

「午時三刻」應該是指「初三刻」（11：45pm），中國古代每日分為十二個時辰，以開始的六個時辰稱之為「上六時」，即是：

「子、丑、寅、卯、辰、巳。」

以最後的六個時辰稱之為「下六時」，即是：

「午、未、申、酉、戌、亥。」

每日以子時正（00:00am）為每日的開始，又以午時正（12:00pm）為每日的最中間點，陽光最燦爛的時刻，地面上所有物體的陰影是最短的，即使沒有陽光，也是陽氣最猛烈的時候，故以「上六時」屬於陽，「下六時」屬於陰，陰陽交界之時辰在午時正，選擇 11:45am 行刑，是取陽氣最旺盛而將趨於衰微的時刻，擇於南方午門行刑，是配合午時，使陽氣更盛，如擇日的扶山一樣，用午時助旺午方。

古代行刑官員及劊子手，怕被遭斬首之人的陰魂報復，故用午時三刻行刑，斬首完畢後，隨即陽氣盡而陰氣來，以陽氣最旺盛的時刻去壓制陰魂，使其不敢報復。

佛教主張戒殺放生，化解戾氣，並謂：「欲知世上刀兵劫。但聽屠門夜半聲。」一筆者繼大師認為，若一個個家廢除死刑，改為終身監禁，終身勞役，以補罪過，使窮凶極惡的人能夠懺悔贖罪，安享天年，使怨氣不再發生，亦是一件功德無量的事。

回憶起當年，香港出了一個大盜張ＸＸ，犯案後逃回大陸後被捕，被判死刑，當行刑完畢後，真的是事有湊巧了，不知是否陰魂來報復，裁定他死刑的法官，未幾，因交通意外而身亡。

故此，古人取午時三刻來行刑，一定有他們的存在理由，怪不得中國是世界四大文明古國之一，而且是現今世界上僅存古代文明的唯一的一個國家，其文化之深遠，智慧之廣濶，非他國可比，未來中國人若將中國古代的文化研究，包括易經、陰陽五行、山、醫、命、卜、相等玄學學說加以研究並發展，更加可以主導世界，前途無可限量。

《本篇完》

（八）天上三奇命格的異數

繼大師

無論我們學習正五行擇日造命法，或是學習八字命理，所有年、月、日、時，合共有四柱，都是由十二地支及十天干所組成，由「甲子」至「癸亥」干支，合共六十個，稱為一個「花甲」，在天干上的排列組合為：

「甲、乙、丙、丁、戊、己、庚、辛、壬、癸。」

任何人如果在四柱八字的天干上，出現有「甲、戊、庚」，此為之「天上三奇」貴格，正常來說，命運就非比尋常，具有聰明才智及富貴的命格，這當然要看整個八字及大運才能決定。

筆者繼大師隨恩師　呂克明先生（明心居士）學習正行擇日及八字命理時，有一天在上課時，呂師拿著一個「天上三奇」「甲、戊、庚」的生辰八字，說是一位親戚剛生不久的兒子八字，呂師並非要讚賞他，而是說出一番驚人的八字理論，是筆者繼大師從未聽過的。

原本男孩的八字是「天上三奇」貴格，應該是大富大貴的命格，但呂師卻說：

「此男孩的祖上如果沒有葬在良好的風水吉穴上，男孩得不到祖先的庇蔭，沒有能力承接這樣大的福份，是會弄巧反拙的，可以說是禍不是福。」

事情過去了數年，男孩漸長，父母發覺他不同一般正常的孩子，原來是患有蒙古病及自閉症，於是非常失望及傷心難過。

一般人批八字，必然以八字去論命格及其命運，也沒有注意到祖先的風水如何，更想不到會直接影響後代的命運，更不會想到縱然子孫八字命格良好，也不能主導他的命運，故古人說：「一命二運三風水。四積陰德五讀書。」

在十九年前（現今是2019年），筆者繼大師認識一位職業風水師，剛好他的太太懷孕，臨盆在即，他擇了一個天上三奇「甲、戊、庚」格局的日子給他太太用以剖腹分娩，當時筆者想，八字福份太大，兒子未必能承受這樣大的福氣，或是兒子的福份全在早年，福份享盡，則青年以後的日子就會變差了，甚至會短壽。

這種想法，一直不敢對這位職業風水師說，因他有自己一套，雖然有這樣的性格，但當時他還是對筆者繼大師非常尊重。約三至四年後，一天他請我到深圳一酒樓吃晚飯，看見他三歲多的小孩，一看之下，其相貌上庭非常飽滿，但中庭不好，下庭更差，心中有數，各讀者若見過末代皇帝溥儀在孩童時的相貌，就可想像而知了。

當時他們家住深圳，有兩個庸人，一個做家務，一個專門照顧這小孩，我心裡想，父親是一家生活的支柱，若有什麼三長兩短，便會直接影響到孩子的命運，這孩子的天上三奇格局八字，真的令他福份來得太早，自此之後，我們彼此並沒有來往。

約十年後，消息傳來，中年時運最風光的他，因工作時發生意外，不幸逝世，14歲的兒子很叛逆，非常難教，聽來心酸。真的如 呂師所說，三奇八字的人，若祖上不積德，沒有葬在良好的風水吉穴上，福份是受不了的。故凡事不可免強，聽其自然就好了，有時候塞翁失馬，焉知非福呢！

《本篇完》

（九） 貴人登天門時的尅應

繼大師

一天，朋友的祖輩親戚離世，出殯日期已定，他不放心，來電詢問筆者關於日期是否有沖犯，一查之下，發覺日課是破日，但他們家族是天主教徒，並不相信擇日那一套，在筆者繼大師細心翻查之下，發現日課雖說是破日，但在「午」時（11:00 - 13:00）用事，正是「貴人登天門時」。

貴人登天門，即是「月令」所管之月，十二個月內，各有各的「月將」管理，每日的日干有陰陽貴人出現，行至「亥」位，「亥」為「天門」，成為「貴人登天門時」，每日分別出現兩個時辰，貴人得位則凶神被制，一切能夠吉祥。

人的生死，一般人不能預知，出殯日期之日課，其選擇是很有限度的，古法是人死後三日內不忌擇日造葬及出殯，此乃權宜之法，但通常出殯日期都不能相就，隨即告知朋友祖輩的喪禮最好在當日午時內完成。

結果在沒有選擇之下，喪禮就用該破日之午時出殯，事情過後，朋友來電，說一切大步跨過，喪禮進行中，有一親戚突然在殯儀館內暈倒，待救護人員趕到現場後，其親戚又突然間蘇醒，好像一切事情沒有發生過一樣，更不需要到醫院檢查身體，健康狀況良好，真是不幸中之大幸。

「貴人登天門時」又稱「神藏殺歿之時」，當日課在沒有選擇的情況下，選用貴人登天門時，就能發揮最佳時辰的功效。筆者繼大師曾認識一位鄰居友人，于「己亥」年生，喜歡在深圳花天酒地及玩女人，有一次墮入一個色情陷阱，被深圳一女人的男同黨非法禁錮，勒索金錢，俗稱「捉黃腳雞」，事發於2001年辛巳年陽曆5月6日（星期日）早上十時，日課四柱為：

辛巳　年
癸巳　月
己巳　日
己巳　時

日課四「巳」日，「己亥」生年，剛好犯上流年沖太歲，「巳」正沖「亥」，雖然鄰居友人身陷險境，但他聰明智慧，立刻想起他的姓吳的上司，其上司交遊廣闊，認識很多深圳高官，當日在未時（14:00），終於用電話聯絡了官員，找到一班公安作救兵，並於申時（16:00）到達禁錮現場，將他釋放，事情始告一段落。其日課四柱為：

辛巳　年
癸巳　月
己巳　日
壬申　時

此日課為隔干人中三奇「壬、癸、辛」，時支「申」與日支「巳」六合化水局，水局同旺「亥」人命支，解去「巳」沖「亥」命之弊端，可以説「申」時支是「亥」支命的解神。

但最重要的，就是2001年陽曆4月20日谷雨至5月21，此月內為「酉將」月令管月，「己」日干的「貴人登天門時」在「申」時，又是解神，雙管齊下之吉神，始能解決凶險，真是險中有救，不幸中之大幸。

不過喜歡花天酒地及玩女人，都是不良嗜好，墮入色情陷阱被非法禁錮勒索金錢，這是一種警戒，宜戒除之，他日若再次遇上這種情況，未必有那樣幸運，解神未必能出現。無論如何，「貴人登天門時」都有它的特別功能，可解一時之困，不可忽視，似乎一切都有定數。

《本篇完》

（十）空亡日課的約會 — 穀雨交接間的意外

繼大師

在陽曆4月15日戌時，友人打電話給一位八十多歲的八字專家朋友，約於陽曆4月20日「申」時，與他同一班學八字的同學相聚，討教關於八字命理的學問及經驗，打電話的時間，其四柱八字是：

己亥　年
戊辰　月
壬午　日
庚戌　時

預約會面的日課時辰剛好是月破時，地點在香港九龍旺角彌敦道一間餐廳，一切約會已定，在陽曆4月20日星期六當天的「未」時，突然烏天黑地，風雲密佈，大雨即將來臨似的，友人與八字專家朋友通過電話後，決定照常赴會。

但當友人約於14:30早到現場附近時，一出地鐵站地面附近，天氣突然風雲色變，天色黑漆得像傍晚似的，大雨滂沱，橫風橫雨，風勢頗大，天氣非常惡劣，是突如其來的。

友人在冒着風雨，將到約會的餐廳時，突然收到八字專家朋友的電話，說他本人所住的地方範圍非常大風大雨，太太擔心他的安全，極力勸阻他不要赴會，於是友人的八字專家朋友缺席，而友人和其他人等則照常赴會。當時的日課四柱八字為：

己亥　年
戊辰　月
丁亥　日
丁未　時　（空亡時）

剛好「丁亥」日在「甲申」旬內，「午、未」時為空亡時。以這時辰的五行屬性而論，除了「亥」年支屬水，「辰」月支是水庫外，筆者繼大師真的看不出會有大雨的出現，天氣難測，相信要靠占卜才能知道。

這日是農曆三月十六日，通勝上說：

「宜：祭祀、會友、移徙、動土、上樑、安床。」

吉星有：「天月、天德合、玉堂、母倉。」

是日「丁亥」日，「丁」日干的貴人在本身的「亥」日支上，故有「天月貴人」吉星，通勝上說宜「會友」，但事實證明並非如此。

當日陽曆4月20日申時正三刻十分（4:55pm）為交接「穀雨」中氣之日，四柱八字是：

己亥　年
戊辰　月
丁亥　日
戊申　時

約15:05至16:45，香港天文台發出黃雨警告，平均風速達到每小時70至100公里，惡劣天氣持續，歷時一小時四十分鐘。

新聞報道，當日下午二時十五分，兩男子在大嶼山狗牙嶺因風雨被困。約二時半，有七名人士在粉嶺和合石掃墓期間被惡劣天氣所困。下午三時許，在港島小西灣藍灣半島對開海面，有風帆沉沒，三人墮海，飄浮至對岸的將軍澳被救起。

另外有三名女行山人士，在當日下午三時許，在衛奕信徑第一段遇暴雨與兩人失去聯絡。又有三人在大嶼山大澳靈隱寺附近，行至象山時，突然間遇上惡劣天氣，雷電交加，狂風大作，在三人的行列中，行最後一位的行山人士，53歲男子，面部被雷擊中而流血，送院後證實死亡，真的非常不幸。另有一家四口出海釣魚，舢舨被巨浪打至翻覆，子死父失蹤，兩婆媳獲救。

這日課雖然不是破日，只不過是在交接「谷雨」中氣前的「未、申」時出現突變的惡劣天氣。在**《月令七十二候集解》**云：**「三月中。自雨水後。土膏脈動。今又雨其谷於水也。谷雨時節作去聲。如雨我公田之雨。蓋谷以此時播種。自上而下也。」**因而得名。

在《淮南子》中，有記載關於谷雨中氣的來歷，因為倉頡創造象形文字，功勞很大，於春末夏初，黃帝發佈命令，宣佈倉頡成功造字，天下臣民共同學習。

剛好在發佈命令的當日，下了一場非常特別的雨，落的不是雨水，而是落下無數的谷米，故此後人把這一天定名為「谷雨」，成為二十四節氣中的其中一個「中氣」。

按照中國農曆計算，一年有12個節及12個氣，共有24個節氣，「節」是每個月的分界線，而「氣」為每個月最中心的那一天，「谷雨」是農曆三月中最中間的那一天，農曆三月為「季春」，「谷雨」是春天最後一個月的中心點。

農曆正月為「孟春」，二月為「仲春」，三月為「季春」，春、夏、秋、冬均如此定名，夏天為「孟夏、仲夏、季夏。」秋天為「孟秋、仲秋、季秋。」冬天為「孟冬、仲冬、季冬。」

我們學習「正五行擇日法」，切忌在時間和空間的交接點上用事，更忌在四正四隅方的分界線位定向，是為「空亡」線。「谷雨」意味着突然之間所落的大雨，在交接「谷雨」前後的意外枉死事件，筆者非常同情這些無辜與可憐的人。

筆者繼大師奉勸各位讀者，無論擇日用事，或戶外運動，日課不要選擇在交節氣其間的前一個或後一個時辰，尤其是「春、夏、秋、冬」四季的交接節氣日最為影響。

筆者繼大師現列出四季之月的中氣如下：

春天季月之「穀雨」——「辰」月，農曆三月之中氣，春天季月最中間的一日。

夏天季月之「大暑」——「未」月，農曆六月之中氣，夏天季月最中間的一日。

秋天季月之「霜降」——「戌」月，農曆九月之中氣，秋天季月最中間的一日。

冬天季月之「大寒」——「丑」月，農曆十二月之中氣，冬天季月最中間的一日。

四季月在「辰、未、戌、丑」，屬於「土」，在交接時空裡，各有特性，以地球之北半球氣候而論，筆者繼大師現解釋如下：

（一）辰月穀雨——由春天轉到夏天，「穀雨」表示雨水降量增加，能助穀物的生長，小心突發性的雷暴、大風雨等惡劣天氣。

（二）未月大暑——由夏天轉到秋天，「大暑」是全年中最炎熱的時刻，天氣暴熱容易中暑，小心突發性的雷暴、大雨等惡劣天氣。

（三）戌月霜降——由秋天轉到冬天，「霜降」含有天氣漸冷、開始降霜的意思，氣候變冷，小心刮起大風，驟降的寒風驟雨，天氣容易忽冷忽涼。

（四）丑月大寒——由冬天轉到春天，「大寒」顧名思義是非常寒冷的天氣，尤其是在北半球的北方，小心暴雪天氣，氣温容易急劇下降，難以預料。

「丑月」是農曆十二月之中氣，陽曆為每年的一月初至二月頭，現時世界天氣非常怪異，「厄爾尼諾」(ELNINO)現象出現，北半球在這個月內均會非常寒冷，尤其是歐洲的英國，美國的紐約、芝加哥等地，在2019年2月1日，芝加哥氣温低至攝氏零下32度至零下57度，比南極還要寒冷，打破歷史紀錄。

這些都是人類愈是發展先進科技，愈是破壞大自然的秩序，引致天氣異常，丑月「大寒」之中氣，只是一個提示的指標而已，無論如何，在時節的轉變及時空的交接點上，宜小心用事，則可避免發生不必要的意外。

《本篇完》

（十二）太歲主宰時運

繼大師

任何國家地方生活，少不免會出現動亂的時候，這關乎國運、因果、人事、民間對政府施政的積怨……等數不清的因素，2014 甲午年在香港發生的佔中動亂，真的不好受，筆者繼大師認為，在未發生社會動盪之時，會有一些徵兆。

在約 2010 年間，在報章上公佈了香港政府總部新大樓的設計圖側，當時令筆者大為震驚，本想寫文章申述一下自己的意見，但又覺得自己很多事，不如沉默是金，現在寫出來，又像是「馬後炮」，真的矛盾，不過亦可以寫出來跟各位讀者分享一下。

首先，新政府總部搬遷到中環舊天馬艦新填海區，左右是大廈，中間是一個正長方形的大空洞，中央上層頂部像頂帽子，安放在左右兩邊的大廈頂樓，是凱旋門式的設計，左右方的行政立法局是較低層的建築物，右邊（白虎方）是長方形，末端為圓形，為立法會綜合大樓，左邊（青龍方）是純屬長方形，左右兩低層建築物向前方伸出，所有大廈都不同向度，更不用說政府新總部是否有地氣，本身建築物非常不協調，雖有龍虎建築物守護，但沒有主子，各懷鬼胎，龍虎相鬥，本身無主宰，奴欺主的格局。

在建築物的外相上來說，其風水上的設計甚差，但都不是真正出現形煞的主要原因，最重要的是，建築物中間的前方，出現綠色的草地公園，其地形就是一支極尖銳的三角形兇器，尖角形煞直插自己，尤其是政府新總部的頂部建築物，正正被插個正着，若是一百分滿分，大約只有廿五至卅分吧！在此工作的人未曾死亡，已經是萬幸了，可惜在未入伙時，已經跌死一名藍帽子警員，真是死得冤枉！

除了在這裡工作的人員受影響之外，（進駐的高官立刻患上退伍軍人病）批准興建此建築物喊著「門常開」口號的前任高官，在退休後亦犯上牢獄之災的官非，真是時運不濟也。

回想在廣東肇慶封開縣新城區西江與賀江交匯處東岸廣信文化園內的犀牛頭山頂上，當地官員倡建四方形的「廣信塔」，為「子、午、卯、酉」向，在封開的正南方，為鎮鎖封開縣水口之人工文筆塔，關鎖內氣，塔建成不久，倡建廣信塔的當地官員，立刻人人升級，有些成為京官，甚至連升三級，這與批准倡建香港新政府總部的官員，其吉凶構成強烈對比。

何以有此情況呢！查其原因，皆與風水之選地及建築有關，倡建的官員，對整個地區的吉凶，有著深遠的影響，若是對於整個地區吉祥，則自己亦吉祥，若對於整個地區做成災禍，則自己亦有凶險，這就是因果關係，亦即是居住地方人民的共同業力。

除了新政府總部的建築設計有問題之外，筆者繼大師個人認為還有一個極大的形煞，幾乎是無可挽救的，這關係乎整個香港的運程，就是填海造陸工程的西九龍中心，將整個尖沙嘴及西九龍區，在無意之間形成了一隻大鷹的頭，其大口正向中西環地區吞噬，幸好隔着維多利亞港，力量稍為減弱，否則更是不堪設想。

當這些地物形煞漸漸形成的期間，社會人心就無意之間在變動，毀謗、謾罵等攻擊相繼而出，這是地物與人心的相應。新政府大樓為「丁山癸向兼午子」，理論上應該是發生在癸巳年（2013年），相信為策劃佔中的一年，但因為地支「午」位的力量大，而首都北京又是子山午向，因為是兼「子」山（即挨近北面「子」方），當行至「午」年的時候，就是「兼子」的坐山沖犯「午」年的太歲，幸好是「兼子」坐山，不是正沖，否則人命死傷一定出現。

佔中事件，前後擾攘接近三個月，最後清場日課為：

甲午　年
丙子　月
丙辰　日（定日）
丙申　時

日課之「月、日、時」地支是「子、辰、申」三合水局，正沖剋「午」年支太歲，天干木火大旺，整個日課是水火相剋，太歲被三合水局所剋制，始能收拾殘局，事情得以告一段落，一切都是因果氣數所致，先有凶風水，行至流年不利，生出凶事而剋應，若我們留意一下，必能得到未來發生吉凶的啟示，不過知道又如何呢！要發生的，始終都會發生。

在《選擇求真》〈卷九〉——〈太歲〉〈一章〉有云：

「太歲乃十二支年建方也。子年在子。丑年在丑。十二年同統領廿四山。為眾煞之主。號星中天子。故曰歲君。其力最大。」

六十太歲主宰各流年的時運，當太歲完全受剋後，佔中事情始能得以解決，所以不可少看太歲的力量。

《本篇完》

（十二）唯一可用的註冊結婚日子

繼大師

有親友兒子在美國紐約註冊結婚，想擇一良辰吉日，時間在陽曆五月初，但很遲通知筆者，四月中始接獲消息，由於時間緊迫，可擇的日子非常有限，男女雙方的資料如下：

男父：壬寅年生
男母：辛丑年生

新郎：己巳年、甲戌月、未時生
胎元：乙丑
命宮：丙子

女父：甲辰年生
女母：癸卯年生

新娘：庚午年、辛巳月、巳時生
胎元：辛未
命宮：癸未

我們對於擇日註冊結婚的原則，是：

（一）日課干支不能對男女方父母的「生年」有沖剋。

（二）日課干支不能沖剋新郎及新娘的「生年」、「胎元」及「命宮」。

（三）在沒有沖剋各人之下，加上日課有貴人、食祿及五行同旺或生旺各人，就是一個好日課。

陽曆2019年為己亥年，陽曆2019年4月5日至2019年5月6日為農曆三月「戊辰」月。

正因為男女雙方希望在己亥年陽曆5月初註冊結婚，可以使用的日課幾希，筆者繼大師將陽曆5月內各日子分析如下。

陽曆2019年5月1日至2019年5月6日仍然屬於農曆「戊辰」月，各日子干支如下：

陽曆2019年5月1日，「戊戌」日是「月破日」，地支「戌」日與「辰」月相沖。

陽曆 2019 年5月2日「己亥」日地支沖新郎「己巳」年命。

陽曆 2019 年5月3日「庚子」日沖新娘「庚午」年命。

陽曆 2019 年5月5日是「四絕」日，因為在陽曆2019 年5月6日為立夏交節日，立夏前一天為「四絕」日，故大事不宜。

踏入陽曆 2019 年5月6日至 2019 年6月6日是農曆四月「己巳」月，「巳」月與「亥」年支相沖，為「歲破」月，故不宜註冊結婚。

因此陽曆五月只得一天適合用事，為陽曆 2019 年5月4日（星期六）「辛丑」日。

最佳結婚註冊登記日期為陽曆 2019 年5月4日（星期六）正午（12:00pm）日課四柱八字是：

己亥　年
戊辰　月
辛丑　日
甲午　時（貴人登天門時）（12:00）正午

一般（星期六）是公眾假期，但聘請私人律師辦理結婚註冊登記，應該沒有問題，此日課地支沒有沖尅男女方各人，日課分析如下：

（一）日課「戊」月干及「甲」日干到日課「丑」日支，及到男母之「辛丑」年支上，女父「甲辰」年干的貴人到日課「丑」日支上。

（二）日課「辛」日干的貴人到日課的「午」時支上，是為貴人時，貴人又到新娘之「庚午」年支及男父之「壬寅」年支上。

（三）日課「己亥」年、「辛丑」日、「甲午」時屬於「甲午」旬，「辰、巳」為空亡地支。女父為「甲辰」年生，及新郎為「己巳」年，生年地支均屬空亡，但影響並不嚴重。

陽曆4月20日申時正三刻十分（4:55pm）為交接「谷雨」中氣之日，「酉將」當令，「辛」日之「貴人登天門時」在「午」時，故此時辰為陽曆五月份內唯一可以註冊結婚的大吉日課。

在一般情況下，註冊結婚之前，其程序是男方先到女方家送聘禮及禮金，表示男家對這段婚姻的誠意，稱之為「過大禮」，通常會比結婚那天早約一個月左右，但在西方的自由國家，其看法不同，較沒有太多禮節，不過這親友兒子在紐約能夠接受擇日註冊結婚，其做法已經比較有中國傳統，筆者在此祝願這對新人，婚姻美滿，白頭到老，永結同心。

《本篇完》

（十三） 缺乏福份會改變風水

繼大師

友人在大陸廣東省投資農業，租了數百畝地，聘請了工人作種植生果的工作，由於本身在廣東省有投資設廠，以生產玩具為主，種植生果是兼職形式，每週來回兩地工作。因為種植生果是興趣，在生產玩具工廠所賺來的金錢，一部份都補貼在果園上，數年來從未賺過錢。

在偶然的一個機會下，有買家看中他的廠房地方，價錢很好，於是友人賣了廠房，全職種植生果，與此同時，在生果園內，他加建了新的辦公室，那裡山脈環抱，有小水流順弓繞過，由於友人懂得風水，他擇一處略為有靠之地，立坐北朝南之向，門口遠處有朝山，左右有山環抱，為了使果園更加旺盛，於是他在「坤方」（西南方）加建水池，順弓環抱辦公的平房屋。

當一切順利建成後，半年內，竟然所種之生果豐收，比去年產量增加及品種較大，是開發果園以來，首年度賺錢，但僅僅維持了一年多，次年因天氣惡劣影響，生產量又回到一般水平，更糟糕的是，辦公平房屋的青龍（左方）前方不遠處，政府計劃建立新的高速公路高架天橋，斜斜地橫過辦公房屋的左邊，到時建成後，必做成有一定程度的影響，（現在 2018 年 9 月剛開始建做）。

這就是時也運也，果園無意中被政府開發天橋所破壞，風水勢必受損，正是園圃東主的福份問題，有待觀察高架天橋在建成後對果園的影響如何，結果將拭目以待。

又有一則事例，大馬有一風水師，在馬六甲某公墓內，請他的師父造葬他的父親祖墳風水，為貪狼大卦，下元八白運當旺，後靠來龍祖山木形貪狼正峰，前方有橫長的木形山脈，為「倒地文筆」，正前面遠方朝山有三個略矮的尖峰，收前面很大的逆水局，左右有略矮橫長護脈，弧形地彎曲環抱穴場。

雖然不是正結之地，但略有脈氣，四正之山相夾，頗為吉祥。此墳的整個地形，就像一個很大的太極形狀，稱之為「太極穴」，正相應了後代為風水術數師的工作，並於2007（丁亥年）修造，為「雙山雙向」格局。

在修造時，風水師的師父量度了出水口的位置，吩咐徒弟如何做出水口，可惜在師父交帶清楚離去後，徒弟忘記了跟進出水口的事情，地匠無意之間，並非傳統的做法，他把水口由近邊位的地下挖洞而出水，身為地師的福主亦沒有留意，雖然造得不是很完美，但亦無不良影響，福主地師的兒子只是由原本生孖胎兒子的，變成在「子」及「丑」年生，榮升成為爺爺的徒弟地師非常高興。

此門風水修造完畢後，身為職業風水師的徒弟，名聲大噪，賺了不少錢，兩個老婆一團和氣，大婆又差遣她的姊妹全程給他照顧，給他擦背洗身，兒孫滿堂，子孫賢孝，樂也融融，女兒自此開始，由學業成績平庸，變成十科甲級成績，成為大馬全國精英學生之一，應了穴前橫放的「倒地木」，為文章之星也。

在另一方面，地師福主的師父，在未出發去重修祖墳前十日，他的妻子經血不止，臨行前兩天始停，在前往目的地途中，他的左耳聽不到東西，回程時右耳聽不到，數天後始復原，他將徒弟供養微薄的庚金，全部拿去做善事，當重修原畢徒弟福主的父墳後，地師福主的師父，翌年輕微中風，幾乎要坐輪椅渡過餘生，其就讀中學的兒子先後在五年內留級兩次，幾乎被趕出校，噩運年年，這個就是業力的替代及轉移，嗚呼哀哉！「慈悲」真的要付出很大的代價。

祖墳重修後約八至九年，徒弟福主祖墳正前方，突然蓋起約十層的大樓來，而且約有五、六棟，因為福主祖墳的正前方不遠處，有一凹坑橫過，把墳場的範圍分隔兩處地域，剛好凹坑的北面是私人地方，於是發展成為一個私人屋苑，當初蓋建房子約三、四層樓高時，因為高度適中，闊度範圍亦廣，形成一層橫長的案山，更加聚氣，這個時候的地師福主，因教授風水及給人家造陰陽二宅風水，賺了很多錢。

但好景不常，只維持了約一年，當房子建到約九、十層樓高時，所以房子竟然把前面生旺之氣截斷了，祖墳犯了凶煞，其後果是，他給人錯造陰宅墓地，引致他的客戶福主，其陰墳的後人有精神病及生病死亡，聲名大跌，積集怨氣，結下寃敵，自己也時常生病。

筆者繼大師認為，一個人一生的福份是有定數的，福份來得很快的時候，若是自己命中註定無法享受的，福份過後，災禍便很快會來臨，縱使有人替代自己的業障，只是一時的現象，並不長久，唯有自己積福修心，時行方便之門，運氣始能長久，此亦時也運也，風水敵不過業力。

《本篇完》

（十四） 被颱風吹倒後重修墳碑的尅應

繼大師

去年戊戌年2018年9月16日星期日，超級颱風山竹襲港，最高陣風記錄為每小時285海里，01:10am掛8號風球，於09:40am掛上10號風球，其四柱八字為：

戊戌　年
辛酉　月
辛亥　日
癸巳　時（「巳」時為日破時掛10號風球）（「壬子」時掛8號風球）

日課「戊」土年干生月、日之「辛」金干，「辛」金日干又生旺「癸」水時干，「亥」支屬於陽水，「子」支屬於陰水，年支「戌」土生「酉」金月支，「酉」金再生「亥」日支，此日課無論天干地支，金水非常之旺。但是在香港刮起超級颱風，或是黃雨、黑雨、刮起季候風等，在日課上根本無法推算，除非是占卜高手。

有兩位朋友，他們的祖先碑墳，一個在和合石公墳，一個在深圳龍崗公墳，不約而同地被山竹颱風吹倒，需要擇日重修。

第一位是「辛丑」命生年，母墳「丙」山，擇於陽曆 2018 年 11 月 30 日重修，日課四柱八字為：

戊戌　年
癸亥　月
丙寅　日
甲午　時

日課分析如下：

（一）日課「戊」年干及「甲」時干的貴人到「丑」人命，「辛」干人命之貴人到日課之「寅」日支與「午」時支上，很多貴人相助。

（二）「丙」日干與「丙」坐山相同，「寅」日支與「亥」月支合木，生旺「午」時支，火非常旺盛，大大生旺「丙」坐山，本來日課「丙」日干尅「辛」人命干，但「丙、辛」合化水，故此可以使用。

（三）日課「戊」年干本來與「癸」月干合化火，但月支出現「亥」水支，水來尅火，故不甚相合。

此墳在乙未年造葬，經過重修後，一切吉祥。

另一位是「壬寅」人命生年，父親在「癸巳」年年尾在深圳龍崗過世，未能在同年火化後落葬骨灰，由於公墳坐子向午（坐北朝南），一到 2014 年為「甲午」年，「子」山沖流年太歲，為「歲破」方，又稱「大耗」，故未能落葬，只好再延後一年。

最後終於在 2015 年乙未年安葬，但「乙未」之戊己都天煞在「戊子」、「己丑」，落葬於「子」山，坐山犯「都天煞」，因為時間要已經延遲了一年多，不能再等了，故此只好擇日化解都天煞，但之後發覺實在氣數難逃，終於在戊戌年 2018 年 9 月 16 日，被超級颱風山竹吹倒，怎麼避也避不到，坐山與日課在造葬上的尅應，真的絲毫不爽。

父墳碑被吹倒後，並不急於重修，理由是母親剛剛火化不久，準備同在父墳處落金安葬，故重修日課日子比較遲。因為做墳碑工人的關係，亦要待其母親火化，將骨灰一同安葬，時間拖了很長，在知道可以落葬後，擇日的時間就顯得緊迫了，亦沒有什麼大吉的日子，故日課一般，沒有沖犯已經是吉課了。

墳碑子山午向兼癸丁，擇於陽曆 2019 年 4 月 20 日 08:00am 在深圳龍崗公墳落葬骨灰。

日課四柱八字為：

己亥　年

戊辰　月

丁亥　日

甲辰　時

以日課配「壬寅」年命及「子」山來説，日課年、日兩「亥」支屬陽水（子屬陰水），月、時兩「辰」支屬水庫，配以「子」山是同旺。日課「甲」時干之祿到「寅」年人命支上，「壬」人命干尅合日課「丁」日干為合財。

「己」土年干尅「子」水坐山，為「子」山之七煞，屬於「年干尅山」，一個七煞不為忌，雖然日課天干由時干至年干是逆生，為「甲」木生「丁」火，「丁」火生「戊」土，但「戊」土屬陽干，為山之正官，由於日課地支同旺水，亦不為忌。除地支同旺坐山外，並沒有什麼特別，並非上吉日子，只是沒有沖破刑尅吧了！

在這日課「丁亥」日來說，沒有什麼時辰可供選擇，筆者繼大師分析如下：

「巳」時為日破時及歲破時。

「午」時沖墳碑「子」坐山。

「未」時為「丁亥」日「甲申」旬之空亡時。

「申」時為交接「穀雨」中氣之時。

「酉」時支剋「寅」人命。

「戌」時沖「辰」月支，是月破時。

「亥」時已經天黑了，唯一只有「甲辰」時可以用。

適逢該日課「丁亥」日「申」時正三刻十分（4:55pm）為交接「穀雨」中氣之日，上午無雨，下午一到未時，傾盆大雨，橫風橫雨，「丁未」時及「戊申」時，約 15:05 至 16:45，香港天文台發出黃雨警告，平均風速達到每小時 70 至 100 公里，全香港地區的天氣非常惡劣，包括深圳地區，持續了歷時一小時四十分鐘。

非常慶幸他沒有選擇下午重修，否則在黃雨之下，不能落葬，非常尷尬，而且費時失事，在擇日法上，真的很難去測知天氣，不過，好的日課，避開一切沖尅，一切自然順利進行。

人死的時間，非能選擇，我們只可避重就輕，能選擇吉日用事就可以，但落葬不能拖延得太久，避得「時煞」又避不過「坐煞」，故此事情必有因由，這尅應了墳碑被吹倒，能夠再擇日重修，令一切圓滿，已經是不幸中之大幸，雖然已經延遲了超過三個月，慶幸還沒有意外發生，日課之尅應，真是數之不可逃也。

《本篇完》

（十五）安碑日課對地師的尅應

繼大師

無論陽居或是祖墳，擇日用事的日課，影響最速，尤其是造葬安碑，日課不僅對祭主（福主）及葬者後人的吉凶有尅應，甚至連風水地師也有直接影響，筆者繼大師從聽聞及親眼看到的事例也有數宗，現述之如下：

昔日在學習風水其間，呂師曾告知一事，有位地師與人擇日造葬安碑，時辰擇於巳時，地師生於戊子年，碑立甲山庚向，為貪狼大卦，聘請地師的福主，在準備祭品及各樣事宜上，處理較為緩慢，其他到場的親人又遲到。

原本在早上巳時（10:00am）安碑，地師再三催促，結果時間仍在拖延中，結果11:15分始能上碑，剛好已經踏入午時，地師自知安碑的時辰已經沖犯了他本身的人命生年，「午」時沖「子」年命支，無奈已成事實，所謂：「是福不是禍。是禍躲不過。」

結果在安碑後不到十天，地師乘坐朋友的汽車發生撞車意外，他坐車頭，結果撞到眼角，血流滿面，幾乎眼目受損，入醫院施手術後，回家休養一段時間，後來始復原，幸好沒有破相。

又有一次，某一位地師給「己丑」年命福主重修祖墳，名「赤蛇繞印」穴，癸山丁向（火風鼎），日課為三奇格局，日課為陽曆1995年12月15日下午四時正安碑。

日課四柱為：

乙亥　年
戊子　月
庚辰　日
甲申　時

日課是天上三奇「甲、戊、庚」格局，其貴人到福主「丑」命支上，日課地支「申、子、辰」合水局，同旺「癸」山，「亥年、子月」與「丑」人命同會水局，非常適合的配搭。

日課「乙」年干及祭主「己」年干生年，「乙、己」干的貴人到日課的「子」月支及「申」時支，日課扶山相主，剛好地師「丁未」人命，亦是得到日課「甲、戊、庚」之貴人到命支。

因為是重修祖墳，需要提前擇日動工，把舊墳拆去，動工日課為陽曆1995年12月12日申時（4:00pm），日課四柱為：

乙亥　年
戊子　月
丁丑　日
戊申　時

此日課配以癸山丁向，「己丑」人命，日課年月日「亥、子、丑」三會北方水局，大大生旺「癸」山，日課「戊」月干及「戊」時干的貴人到日課本身「丑」日支上。

日課「申」金時支生旺日課年月日三會水局地支，使水氣更盛，又能生旺「癸」山，金生水也，日課「乙」年干及祭主「己」干人命的貴人到日課之「子」月支及「申」時支上，各方面都能良好地互相配合。

唯一就是「丁丑」日動工沖地師「丁未」人命，本來，日課地支「亥、子、丑」三會水局就不會沖「丁未」人命，日課影響極為輕微。因為是修墳的動土儀式，所以其福主大嫂亦在同行之中，並準備香燭及祭品，所以早到現場幫忙。

當日動工日課的時辰還未到，時間約在下午 2:45pm 左右，剛好在「丁未」時末。日課四柱為：

乙亥　年
戊子　月
丁丑　日
丁未　時

其福主大嫂突然靜悄悄地點了香，跪在墳前，雙手持香祝禱禮拜，口中唸唸有詞，剎那間被風水師看見，通知祭主，並立即喝止，碑墳坐癸向丁，「癸」山尅「丁」日「丁」時，為「癸」山之財局，這個都不是問題。

剛好地師屬「丁未」年命，又在墳之「未」方，墳坐「癸」，「癸丑」為廿四山之「雙山雙向」，墳之向方為「丁」方，「丁未」亦是廿四山之「雙山雙向」方位，原則上他所在的方位已經被沖到，不過並非嚴重而已，因為「丁丑」日「丁未時」，天干相同，地支「丑未」相沖，日課地支又是「亥、子、丑」三會水局，日課地支合了會局，「丁」天干又相同，加上日課「戊」月干的貴人在「丑、未」，故是輕微的沖犯。

當時間到「申」時正，一切祭祀的動工儀式進行非常順利，但之後，地師在廿四山之「丁未」方，被有刺的藤纏植物刺傷左腳而流血，不過受傷輕微，是皮外傷，並無大礙，此為之「墳沖人」。

筆者繼大師以為此事應該了結吧！但事實并非如此，到了八日之後，在墳碑重修完畢及完山之時，日課為陽曆 1995 年 12 月 19 日申時（4:00pm），日課四柱為：

乙亥　年
戊子　月
甲申　日
壬申　時

當拜祭完畢，地師走過墳邊，在對正新墳碑廿四山之「丁未」方拜台之處，一不小心，踏破了新墳邊唇的水泥，地匠眼明手快，拾起旁邊的乾草，把缺口覆蓋着，並立刻示意地師不要出聲，免得被祭主發現，又要費一翻工夫去修補，這正是「人沖墳」。

原來，這不一定是「墳沖人」，亦可以「人沖墳」，幸好相方都是輕微沖犯，事件不致引起嚴重後果，所以，擇日重修陰墳，日課非常重要，吉凶尅應非常快速，不單止是祭主等人受尅應，風水地師也一樣受日課吉凶尅應的影響。

筆者繼大師在此奉勸無論業餘或職業的風水地師，擇日造葬或是重修陰墳，日課在利益祭主各人之餘，一定要能讓地師自己本人同樣都能受益，這樣較為圓滿。

以下有一案例，就是日課時辰沖倒地師及祭主等人的事件，香港新聞曾經報道，曾經有一名香港職業風水師，在肇慶某墓園出任風水顧問，並參與合作發展，於陽曆 2014 年 3 月 30 日下午二時至三時許，風水師在高要市南岸長樂墓園給人造葬風水，與福主及親屬人等約共八人，適逢粵西和粵北遭受大暴雨和冰雹侵襲。

地師堅持在冒着大雨之下，為客戶祖先造葬風水墓地，突然之間發生山泥傾瀉，他與助手兩人走避不及，與另外五名內地人福主及眷屬同遭山泥活埋，各部門及民眾約百多人趕赴現場搶救，被活埋的七人被掘出後，證實當場死亡者有五人，一人送院後不治，只有一人大難不死。

2014 年 3 月 30 日星期日下午二時正造葬祭主父親新墳，日課四柱為：

甲午　年
丁卯　月
庚子　日
癸未　時

日課為歲破日，「甲午」年與「庚子」日天尅地沖，日課「甲」年干與「庚」日干之貴人到「未」時，「癸」時干的貴人到日課本身的「卯」月支上，雖然是破日，但用事日課時辰「未」時，還是有貴人出現。

出事時間為陽曆 2014 年 3 月 30 日星期日 15:07 時，日課四柱為：

甲午　年
丁卯　月
庚子　日
甲申　時

但當日踏入三時後，一過貴人時，至15:07時，就突然山泥傾瀉，這日課「子」日「申」時半三合水局，正回剋太歲「午」火支，這是原因之一，但非主要原因。

凡是沖地師之日課，名為「班煞日」及「楊公忌日」，「班煞日」即是「殺師日」也，在通勝內均有註明，「班煞日」的口訣為：

「春子秋午。夏卯冬酉。」

筆者繼大師解釋「班煞日」如下：

農曆正月二月三月 — 春季在「子」日

農曆四月五月六月 — 夏季在「卯」日

農曆七月八月九月 — 秋季在「午」日

農曆十月十一月十二月 — 冬季在「酉」日

陽曆2014年3月30日是農曆二月三十日「庚子」日，為「卯」月，正是「班煞日」是也，加上該日是破日，「未」時貴人時已過，一踏入「申」時即應凶險，最無辜的人就是祭主及其眷屬人等，相信一切都是有定數的，佛說因緣果報絲毫不差，筆者在此祝願大家，與人造葬的地師及各祭主人等，在造葬事宜上，一切均平安大吉。

《本篇完》

（十六）風水祖墳的煞向和沖犯三煞用事日課的尅應

繼大師

有一親戚，男戶主生於「甲子」年，於大陸解放前移居香港，約廿年後，買了一大廈單位作新居，坐亥向巳，其祖父及父親本身葬在大陸廣東某村莊，背靠一圓金形山丘，左右有山丘守護，前方有一個三角形的水池作為穴之明堂，尖角形向外，水流由尖角的水口而出，穴上一眼盡見，頗為氣聚明堂，只不過是水流火口，水池之形亦是倒地文筆。

男戶主本人屬於二房，大哥及三弟均英年早逝，他們一家八口，生活雖然並不富裕，但生活還是可以的，當住了新居約十多年，他在故鄉的唐弟，突然想到要給祖父的祖墳立上新碑，並認為以坐西向東為最佳方向，原來碑墳並沒有立上碑向，只是石頭碑一塊而已，亦是坐西向東，他後來立的碑向，剛好就是犯上黃泉八大煞，當唐弟立完碑墳向度後，立刻得了精神病，神經錯亂而入了醫院治療，真的是「即應」。

當他的唐弟立完碑墳向度後不久，男戶主兒子及女兒大部份已經結了婚，並已搬離這裏，為了使客廳大一些，他拆掉另一間房間，並於「丁卯」年「丁未」月親自拿著十二磅鍾打掉牆壁，房間之牆壁坐申向寅。

「丁卯」年之地支屬於「亥、卯、未」三合木局，三煞在「庚、酉、辛」，「戌」為歲煞，「申」為劫煞，均屬於三煞範圍內之「旁煞」，故不宜破垣大修，男戶主是「甲子」生年人命，與坐「申」之牆壁成三合水局，裝修後不久，至同年「辛亥」月，因突發性中風而逝世。

在此種情況下，筆者繼大師對此事的見解如下：

（一）祖墳犯上黃泉八煞在先，「卯」向為空亡煞線，先應唐弟患上精神病，因祖墳犯煞，後催動男戶主在「丁卯」年「丁未」月裝修三煞方，這是陰墳之煞令男戶主得凶險，引發他在陽居裝修破牆動土犯煞而亡。

（二）男戶主「甲子」年生，祖墳向「卯」煞方，在正五行擇日尅應之廿四山「雙山五行」來説，「甲、卯」屬於同一組雙山五行的山向，因此應男戶主之生年人命。

（三）由於男戶主在「丁卯」年「丁未」月親自裝修陽居三煞方之旁煞「申」方，一經沖犯，於同年「辛亥」月中風而亡，時年剛滿63歲，湊巧的是，裝修時間之年、月及出事的時間，其地支為「亥、卯、未」三合木局。

風水以陰墳影響吉凶最大，它能催動子孫後人尅應陽居之煞而致凶險，它在好的方面，能影響後人福至心靈，得到世間上的種種福份，先有陰宅的尅應，再來陽居的尅應，這就是個人的命運了。

《本篇完》

（十七）雙碑齊立的日課

繼大師

有些人在重修祖墳時，往往不止一墳，若兩至三個祖墳同一時間立同一向度而安碑，則在短短一個時辰內，難以完成，若分開兩墳在不同時間安碑，所擇了的大吉日子，甚為難遇，繼後的日子，恐怕沒有那麼好的日課，又怕地匠嫌麻煩，更是浪費金錢及時間。以筆者繼大師經驗，在選擇日課時間，要預留連續兩個時辰，這足夠安座兩個碑墳。茲舉一例子如下：

有「辛未」祭主，重修同屬「丙」山兩碑墳，擇於陽曆 2018 年 11 月 18 日「午時及未時」，是日星期日，這要確保地匠在假期之日能夠開工。

兩個日課四柱如下：

（一）戊戌　年
癸亥　月
甲寅　日
庚午　時

（二）戊戌　年
癸亥　月
甲寅　日
辛未　時（貴人登天門時）

日課以「午時」為主，午時由早上11時開始，以筆者繼大師經驗，一般踏入每個時辰的15分鐘後，時辰所納的空間，所產生的尅應便穩定下來，當然最好就是該時辰之中間，例如「午時」，就是中午12點正，但是為了能讓午時內完成兩個安碑的修造，故可以在早上11:15分便可動工。

筆者繼大師分析日課如下：

（一）第一個日課時辰，隔干天上三奇「甲、戊、庚」，隔了「癸亥」月柱，天上三奇之貴人全在「辛未」人命支上，「辛」人命干之貴人在日課之「寅、午」日、時支上，互相為貴人。

（二）日課年、月干「戊、癸」本來是六合化火，但因為在是「亥」月支剋火而未能化合，剛好「寅」日與「亥」月支六合化木，因此「戊、癸」干能夠六合化火，「甲寅」日又是木，「寅」日支與「午」時支成半三合火，大大生旺「丙」山。

無論是扶山或相主，這日課均非常大吉，至於第二個日課，只與第一個日課相差「辛未」時一柱而矣，陽曆 11 月 18 日為「霜降卯將」月將所管，「未」時為貴人登天門時，神藏沒煞之時，甚為大吉，日課「戊」年干及「甲」日干之貴人到「未」時，「辛」時干之貴人到「寅」日支上，筆者繼大師認為雖然不是隔干天上三奇格局，但仍然是一個好日課。

擇此連續兩個時辰的日課安立兩墳碑，目的只是買過保險，萬一超時，也不致招凶，結果福主在中午 12:45 順利完成兩墳安碑，能夠在一個時辰內完成，一切均吉祥圓滿。

《本篇完》

（十八）有限度選擇的落葬日課

繼大師

一位同門師兄的老父在上個月離世（2018年12月），亡命為「癸酉」，他選擇在和合石土葬，殯儀館給他兩個落葬的日子，一般會在早上下葬，「巳時」或「午時」，分別是：

（一）陽曆2018年12月26日，日課三柱為：

戊戌　年
甲子　月
壬辰　日

（二）陽曆2018年12月28日，日課三柱為：

戊戌　年
甲子　月
甲午　日

在香港舉行喪禮，一般會安排在落葬前一晚舉行祭祀儀式，翌日上午落葬棺木，以擇日用事而言，會以落葬日課比較重要，影響吉凶，在正五行擇日權宜法上，亡者在死亡後三天內下葬則日課不忌，由於時間很短，通常三天內都沒法完成。

這兩個日課，第一個是「壬辰」日，與「戊戌」年太歲天剋地沖，為「歲破」日。第二個是「甲午」日，與「甲子」月的地支相沖，為「月破」日。殯儀館為了方便，一般沒有人選擇的日子，會推薦給沒有所謂的人使用。

同門師兄也懂得擇日，他屬「辛丑」年命，葬地為「坐巽向乾」，很快他便擇了一個好日，為陽曆2018年12月23日，「巳」時，日課四柱為：

戊戌　年
甲子　月
庚寅　日
辛巳　時

筆者繼大師分析此日課好處如下：

（一）此日課是天上三奇「甲、戊、庚」，雖然不是順排、逆排或是純三奇局，但天上三奇「甲、戊、庚」的貴人全到同門師兄的「丑」地支人命上。

（二）「辛」人命的貴人到日課的「庚寅」日支上，貴人口訣為「六辛逢馬虎」，「寅」為虎也，日課「辛巳」時的天干與人命同氣，相主也。

（三）此日課配以「巽」山，五行屬木，日課以「甲子」月（屬水木），生旺「庚寅」日，「寅」屬木，可同旺「巽」山。

雖然整個日課八字得三個水木，筆者繼大師認為，日課以日柱最為重要，在沒有什麼日課選擇之下，這個日子也算不錯了。

落葬前一晚為守夜之日，通常在晚上舉行，普遍在「酉、戌」兩個時辰，為陽曆2018年12月22日，「巳」時，日課四柱為：

戊戌　年
甲子　月
己丑　日
乙酉　時　至（丙戌時）

日課避開了「破日、破時」，一切總算吉祥，且「己丑」日與「辛丑」祭主人命同支，「戌、甲」年、月天干的貴人到「丑」，也算是生旺他了，適逢殯儀館禮堂爆滿，僅存大堂一個，剛好用得上，真是幸運，也是他父親的福氣了。

由於該天同一早上同一地點，有三個人在該公墳上落葬，包括他父親，故此時間迫切，一旦過了11:00am便是「壬午」時，正與「甲子」月天剋地沖，屬於「月破時」，結果幸運地，他在早上10時半完成所有事宜。

無論如何，「擇日不如撞日」，在沒有辦法選擇之中，作出最好的選擇，也是最吉祥的！結果一切如意吉祥，落葬時天氣良好，沒有下雨，一切順利圓滿。

《本篇完》

（十九）大貴的日子

繼大師

茲有福主「辛未」生年，時在陽曆2017年（丁酉年），想修造「丙山」祖墳，我們首先將是年的廿四山方位神煞找出，有助擇取吉日。

丁酉年之三煞在「甲、卯、乙」，歲煞在「辰」，劫煞在「寅」，歲破在「卯」，戊己都天煞在「申、酉」，都天夾煞在「庚」。

雖然「丙山」未有犯上以上各種神煞，但2017年紫白年星一白入中，順飛二黑在西北「乾宮」，三碧到西「兑宮」，四綠到東北「艮宮」，五黃到南「離宮」，剛好「丙山」屬於「丙、午、丁」之「離宮」內，是為坐山犯五黃，故不宜修造。

若非必要，可以擇於2018年（戊戌年）修造，「戊戌年」之三煞在「壬、子、癸」，歲煞在「丑」，劫煞在「亥」，歲破在「辰」，戊己都天煞在「午、未」，都天夾煞在「丁」。

2018年紫白年星九紫入中，順飛一白在西北「乾宮」（戌、乾、亥），二黑到西「兑宮」（庚、酉、申），三碧到東北「艮宮」（丑、艮、寅），四綠到南「離宮」（丙、午、丁），五黃到「坎宮」（壬、子、癸）。

故「丙山」並沒有犯上「年紫白五黃」凶星及以上各種神煞，這樣在2018年「戊戌年」是可以修造「丙山」的。

因為福主是「辛未年」生人，我們知道天上三奇「甲、戊、庚」的貴人在「未」支上，「辛」天干的貴人在「寅」支上，「丙山」之五行屬火，憑著這種吉星貴人及五行的關係，以扶「丙」山及相「辛未」福主為目的，可以擇出美好的日課。

筆者繼大師認為可以擇於陽曆2018年6月11日，中午12時正修造「丙山」，日課四柱八字為：

戊戌　年
戊午　月
甲戌　日
庚午　時（貴人登天門時）

繼大師分析其好處如下：

（一）日課「年、月」與「日、時」地支分別是「戌、午」，「寅、午、戌」為三合火局，「戌、午」為半三合火局，邀拱「寅」支，日課「甲」日干之祿在「寅」，本身是邀祿。半三合火局同旺「丙」山。

（二）日課兩組地支「戌、午」為半三合火局，邀「寅」支，是「辛」干福主之地支貴人，為「邀貴格」。

（三）日課是天上三奇「甲、戊、庚」，其貴人在福主「未」命支上。

（四）陽曆2018年6月11日是「戊午」月，為「小滿」至「夏至」期間，月令為「申將」主權，「甲日」之「午時」為「貴人登天門時」，可以化解凶煞。

此日課配「辛未」人命及「丙山」甚為恰當，在擇這日子期間，七日前，昔逢掛起三號風球，期間數天下大雨，直至陽曆6月10日及6月11日兩天天晴，翌日又下起大雨來，選擇日課，難以占算天氣，這是意料之外，不過好的日子，能夠配合坐山及人命的話，天氣自然能夠配合，使造葬能順利完成。

筆者繼大師得知重修安碑之時，一切順利，地師在地上開出立向線度給造墳工人，工匠師父非常熟練，在墳地內，一放上碑後，向度居然全部正確，不須要有任何改動，固定雲石碑後，再覆向度，仍然正確無誤，這種情況，是絕少會發生的。無論如何，此日課是一個大貴的日子。

未幾，葬者兩位兒子的女兒，一未命女兒生了一男丁，一丑命女兒生了一女孩，尅應了天上三奇「甲戊庚」日課之貴人全到「未、丑」生人命上，真是有應有驗。

《本篇完》

(二十) 犯三煞及都天方的尅應

繼大師

一天筆者繼大師到香港九龍牛池灣村區內探訪朋友，在問路時，在路上遇到一名婦人，她住在近一祠堂側旁不遠處的石屋內，正在收集曬乾了的衣裳，在相談之下，她把自己的遭遇向筆者傾訴。

她的丈夫在深圳工作，於千禧庚辰年間，在門口加建伸出門外有頂蓋的入口通道，又因為沒有地方曬衣裳，丈夫便在門口正前方約八尺遠的高圍牆近地下處加建一鋼管衣架，之後約同年秋季，收到消息，非常不幸，丈夫在深圳發生交通意外身亡，她懷疑丈夫意外發生之原因，與加建入口通道及鋼管衣架有關。

庚辰年在南方動土，加建門口通道及鋼管衣架，筆者繼大師分析如下：

(一) 石屋癸山丁向，在庚辰年紫白年星九紫入中，年紫白五黃到北方「壬、子、癸」，剛好在石屋之癸方坐山。

(二) 庚辰年三煞在南方「丙、午、丁」，歲煞在「未」方，刼煞在「巳」方。

重修「丁」方是犯了方位的「三煞方」，加上屋之坐山犯流年紫白五黃，但這些都不是最主要的原因，只是在時間上所引發出的煞氣而矣，其最主要的原因是本身屋門是煞向，在重修時間上引出「丁」方三煞的煞氣，而致丈夫發生意外事件，真的是非常不幸，甚為可憐，似乎這一切都是命運啊！

另外還有一例子，在香港紅磡近觀音廟對面不遠處，有一老女中醫師，曾在福建中醫學院畢業，醫術頗為為高明，生意很好，曾經醫好了很多人，但因為年老，即將退休，剛好門口對面新建一棟大廈，剛開始興建時，到一樓二樓之間。

期間有一天，剛好筆者繼大師與友人行經該處，朋友與她相熟，入內與她打個招呼，筆者一看，心知不妙，醫館向先天艮位，後天乾方，艮為足，若然對面新廈再建至五、六層樓時，腳部必然會出事，時在「丙申」年，都天煞方在「戌、亥」，重建新大廈在廿四山之「乾」方，為都天夾煞方，犯了都天夾煞，並囑咐友人打電話通知她小心雙腳。

若兩三個月後，大廈已經建至超過五、六層樓高，消息傳來，其間老女中醫師真的行路不小心跌倒受傷，幸好不是很嚴重，入醫院治療數個月後始漸漸復原，真是不幸中之大幸，犯上這些煞方動土，都不在自己的控制範圍內，又是命運的安排！

《本篇完》

（廿一）陰墳尅應凶災的民事訴訟

繼大師

在湖南某縣發生一件風水的民事訴訟事件，當事人33歲，丙寅年生的招Ｘ賓先生，他的親叔公是風水師，但他偏偏不相信他，在鄰近村鎮，有位非常出名的譚春長風水師，生於1949己丑年，自稱是祖傳五代加上五十年豐富經驗的名師，可以代客尋覓風水寶地，能夠丁財兩旺。

福主招先生相信譚地師的說話，並用了15萬元修建一間陽宅，於2014年甲午年入住，當時招生的親叔公招務球先生並不放心，與同姓親戚老幹部招Ｘ長先生路過姪孫新居，並細心勘察周圍環境，得知宅門坐癸向丁兼丑未，大門剛剛正對一條反弓水，在羅盤廿四山的「癸」方與「丑」方兩水相交而流向「辰」方。

招叔公地師認為是犯了黃泉八煞水，地犯凶砂，並斷言此地是傷財損丁大凶之地，後告訴姪孫招Ｘ賓，謂不要入此凶屋居住，否則會損丁，姪孫並將此說話轉告代他找地的譚地師，譚地師說：「保證不會出事，他不是地師，別相信他。」

未幾，約於2015乙未年，姪孫招X賓與父母一起搬入新宅居住，入住不久，果然災禍接二連三而來，於2017丁酉年，母親生病，於五月死於家中，終年虛齡55歲，生於1963年「癸卯」年，剛好與流年「丁酉」年天剋地沖，生年人命沖犯太歲。

姪孫招X賓再找這位譚地師擇日安葬母親，日課為陽曆2017年7月13日早上8時正，四柱八字為：

丁酉　年
丁未　月
辛丑　日
壬辰　時

此日課是「丑」日支沖「未」月支，為月破日，譚地師自己是「己丑」年命生，剛好在落葬沖「未」月支，「丁酉」年沖亡命「癸卯」。福主「丙寅」年命，日課「辛」日干的貴人到「寅」命，「丙」干與「辛」日干合化水。

下葬完畢後，未幾，姪孫招X賓的父親得了大病，到處借錢醫治，在醫院搶救無效後，並於「戊戌」年「己未」月陽曆2018年7月去世，姪孫並未察覺這地師的功夫不夠，又再找這位譚地師擇日安葬父親。

於戊戌年造葬，墳碑坐「壬」向「丙」，戊戌年「寅、午、戌」三合火局，「午」方對宮為「壬、子、癸」後天坎宮，墳碑坐「壬」山方在「戊戌」年造葬是犯上流年三煞，「亥」為劫煞，「丑」為歲煞。

結果在造葬後，這姪孫在半年內發生車禍意外，幾乎喪命，至今家破人亡，身體和精神嚴重創傷，整日陷於恐慌焦慮之中，他曾經想去自殺，家變凶宅，不敢入住，痛失相親，悲憤莫名。日課造葬，以坐山為主，扶山相主是選擇日課的目的，筆者繼大師認為雖然坐山犯了流年三煞，但相信其向度必然再犯大煞，否則不會弄成這樣。

此後他開始蘇醒明白，發覺找錯風水師做地，錯信偽師，弄成今天這樣子，這慘痛的教訓，損失非常嚴重，為了求存及徹底清查事件，他特別請了多名有經驗的風水師再次勘察祖墳及陽宅風水，方知均屬於大凶之格局，曾經五次聘請譚地師勘察陰陽二宅風水的他，引致家庭內發生多宗意外災難，一家人二死二傷，震驚當地，眾所周知。

事有湊巧，譚X長風水師，生於1949己丑年，他與招姪孫母親於「丁未」月「辛丑」日造葬，正是沖自己生年，故必然犯此官非，引發招姪孫於2019年對這譚地師作出民事訴訟，及要求他賠償金錢。

死了二人，即使賠償更多金額都無補於事，但是為了討回公道，及揭穿虛偽風水師的行為，他日別人亦不會再重蹈覆轍，而受他所害，以此為戒。

不過這種風水的民事訴訟，在國內可能會受理，但如在香港或歐美發生，相信法庭很難接受這樣的民事訴訟，發達民主的國家，通常並不相信風水這套理論，若要立法管制，恐怕非常困難。錯就錯在事主信錯了人，以為名氣愈大的，就是功夫愈深，誰不知遇上了偽師。

陰墳造葬上的剋應，筆者繼大師見過很多，每見造葬後而引致凶災發生，後代子孫有人死亡，祭主立刻把祖墳風水掘起，把墳碑打破，這雖然可解決一時之危厄，但後人已死，無補於事，只能阻止凶險繼續發生，及減少災害而已，筆者非常同情他們的遭遇，希望事件能早日得到解決，他除了信錯人之外，這一切似乎都是命運的安排，真的半點不由人。哀哉！哀哉！

《本篇完》

（廿二）墳前煞水的尅應

繼大師

一位香港風水師與一位張女士已過世的父母點了一地，地點在廣州中華墓園，張女士買了葬地之後，又聘請另一位香港地師安葬雙親，在公元1994甲戌年造葬安碑，碑墳乙山辛向，地點在墓園山丘中間處，其位置的高度高於前方山脈，整個圓金形山丘地勢比較寬濶圓頂，整個山丘全部佈滿山墳，不過排列得井井有條。

穴前斜坡略為陡斜，是一級一級排列而下的墳墓，直至山腳始為平地，平地下有馬路在左右橫過，再前方是平田，不遠處有水塘，基本上都是平地，水塘外有不高的橫濶山丘，穴前左方全是平地，全無關攔，雖然有一點靠山，但缺乏青龍砂，右倒左水，水氣全向左方走洩，因為墳穴的位置比前方山丘高，加上缺乏下關砂，故是送水局。

自從1994甲戌年造葬父母之後，張女士做生意失敗，損失了很多錢，因此她在三藩市的物業全部賣了，張女士只有一位姐姐，忽然患病，她沒有兄弟，遠房親戚的小孩又突然逝世，數年後他姐姐的病情好轉了，不久張女士的錢財用了七七八八之後，直至約一九九九年間，張女士證實患了癌病，雖然她是中醫師，也經朋友介紹到深圳給另外一位中醫針灸師治療，治療了約一年，情況較為穩定。

張女士生於「辛卯」年，與碑墳「辛」向相同，「辛」方為西方，西方見水，日落西山時，水面反光射向父母墳地，收得當元煞水，水面反光，使煞氣大增，過了千禧庚辰年後，踏入2001年辛巳年，剛好流年天干是她父母墳地的「辛」向，病情開始非常嚴重。

直到「辛巳「年「辛卯」月，她的風水老朋友，見他的病情日漸嚴重，亦得知是她的父母山墳有問題，在此緊急情況下，終於忍不住出手了，單人匹馬由香港走到廣州中華墓園，把她的父母碑墳打破，用泥土堆在墳碑上，力挽狂瀾，企圖制止她的病情惡化。

當老朋友回港後，翌日早上，2001年陽曆3月8日，張女士在醫院不幸逝世，終年50歲，死亡日課四柱為：

辛巳　年
辛卯　月
庚午　日
辛巳　時

其父母墳碑立「辛」向，收煞向及煞水，她是「辛卯」年人命，逝世於「辛」年「辛」月「庚」日「辛」時，風水的尅應，真的不可思議，似乎都是氣數難逃了，筆者繼大師推斷其原因是：

（一）祖上山墳得財，但缺乏人丁，至父母造葬山墳後，得逢煞向、煞水及堂局送水，引至先敗家財，至將近敗盡後，再來就是身體出問題了。

（二）由於家族沒有男丁，父母山墳缺乏青龍砂，故先應大姐，後又因為張女士生於「辛卯」年，「辛」為父母山墳向度，收得煞向、煞水，「辛」向為西方，每到黃昏時候，屬於「西斜」，有水反光照射，使凶煞倍增，雖然沒有男丁，但仍然尅應後人子孫屬「辛」年命的人。

由1994年造葬父母墳碑開始，至2001年張女士逝世期間，短短七年時間，敗盡家財，最後還是得了絕症，事件真的令人難過，人生無常啊！命運主宰風水，行惡運之下，自然遇到庸師，父母葬下凶地，引致重病，結果身亡，似乎一切都是命運！

雖然是命運，但身為職業風水師，給人安碑造葬，收取祭主庚金，不學無術，使葬者後代人財兩敗，會有因果在的，這都是在做業啊！

《本篇完》

（廿三）直水沖墳的尅應——一命換一命

繼大師

在香港沙頭角禁區近羅湖中國邊境的沙嶺，有一個公墳，整個山頭腳下都是墳墓，屬於香港管轄區域，深圳河在羅湖口岸東面順弓環抱，繞過邊境關卡，向西邊而去，流入后海灣，貼着邊境關卡東面是深圳河，剛好就在沙嶺墳場前面腳下而繞過。

在沙嶺墳場底下約十排高的位置上，一名生於壬寅年的李先生，其祖父母葬在同一墳墓內，原本向度辰山戌向，當時李生正在跟隨一位老地師學習風水，因此對老師父很有信心，因為想賺點快錢，所以經常買賣股票作投資，但是手風不順，經常做大閘蟹，股票被綁，若放出去又蝕錢，並認為是祖墳風水不好，於是請教老地師。老地師說，若要發財，必須把祖墳風水弄好，於是在丙子年（1996年），幫他修改祖墳向度。

李氏祖墳原本正靠主星圓金形山峰，雖然前面略右方對着羅湖關卡的中港聯檢大樓，但還是很聚氣的，左邊有少少砂脈兜抱，右邊砂手有情，有一小節深圳河的直水由右方而來，到墳穴面前而去，然後再彎向穴之右方而前去，迂迴曲折地流入后海灣，穴前只見右方的一小節直水，方位是羅盤廿四山北面之「壬」方，由於墳的下方有矮樹遮掩，故穴前方不見去水。

祖墳原本同山形之大局同一向度，形勢相當配合，但老地師認為想要發財，必須收得來水，因為郭璞著《葬書》曾說過：「得水為上。藏風次之。」於是把祖墳向右扭轉了接近45度，由「辰山戌向」改為「丙山壬向」，剛好在「丙子」年立「丙」向，真的是相應了坐山的尅應，由「辰」山扭轉至「丙」山，經過三個山，其排例是「辰、巽、巳、丙」，正對「壬」方深圳河的一小節正面直來的水流，由於改變了碑墳向度，以致後方靠空，與地形格格不入。

祖墳在丙子年改了向度以後，自此李先生買賣股票投資更加失利，數年間，樓房出現負資產的問題，被老闆辭工而失業，又不肯屈就低工資的工作，但又要請菲律賓工人照顧兒子，李生終日炒賣股票，企圖改善家庭經濟，一家三口，經濟陷入低潮之中，只靠妻子工作糊口，兒子只得四、五歲，他自覺個人完全沒有自尊，亦曾想過一家人燒炭輕生，自此了結一生，他到處求神問卜，扶乩問家山祖墳風水，答案是模稜兩可，由於他是佛弟子，於是求他的密教師父加持，並拼命唸上一佰萬遍安土地真言，求土地神幫忙。

未幾他發覺祖父母墳墓可能錯改了方向，而引致諸事不順，在朋友的介紹下，於辛巳年（2001年）初，他去了一位三太子降靈的乩童問事，乩童女士想起她在同一教派內認識有一位精通風水的師兄，於是在她引介下去邀請那位高師兄幫忙化解。

高師兄並沒有立刻應承，只是説待他唸完一佰萬遍安土地真言後始幫忙他，李生用了差不多半年時間完成，直至辛巳年九月初，高師兄與他的一位學生同行，在勘察其間，其學生手持他的羅盤，突然無故失手跌下墳前平地上，而且羅盤是完全覆轉的，赫得他的學生啞口無言，並認為是甚不吉利的事，有意請其老師不要再看下去，但高師兄認為既然已經來到，這也是緣份一場，一切隨緣就是，並作出意見如下：

（一）「壬」方煞水直沖墳穴，李生屬於「壬寅」生年，故剋應在他本人。

（二）並斷定明年（2002年）「壬午年，壬寅月」會出事，而且會意外身亡，距離現時只得五個月時間。

高師兄真的很難取捨，他心雖慈悲，但卻左右為難，若要救助李生，自己要背負著他的因果，也不想禍及家人，於是乎他找了另外一位黃姓的金剛兄弟，招集一班同門六人，先行到李生家中用密教儀式作義務性的超度法會，把他的寃親債主給予超度再算。法事完畢後，他感覺到只得一半功效，怨氣未能全消，不過已經有了改進。

修改李氏祖墳分兩個階段進行，首先擇日把錯造的墳碑打破及清理，再擇吉日重新立上新碑，向度為原有的「辰山戌向」改為兼「乙辛」而矣，之前是「丙子」年拆「辰」

山祖墳而立「丙」向，現在「辛巳」年又重新造回「辰山戌向兼乙辛」，羅盤中廿四山的「辛、戌」二山，又剛好是廿四山的「雙山雙向」方位，先前尅應在坐山，後來尅應在向度，總離不開流年坐山的干支年數而作出修造。

「壬寅」生年祭主，修造「辰」山，由於時間緊迫，若過了2001年陽曆10月8日寒露節令，便踏入「戊戌」月，「戌」月支剛好正沖修造之「辰」山，所以要盡快處理，故此用「丁酉」月，「酉」屬金，因為沒有大好的日課，高師兄只擇了一個沒有沖尅的安碑日課，為陽曆2001年9月26日「辰」時，日課四柱八字為：

辛巳　年
丁酉　月
壬辰　日
甲辰　時

日課「壬辰」日干與祭主生年「壬」干相同，為同旺，日課「甲」時干之祿到「壬寅」人生年的「寅」支上，日課「辰」日支及「辰」時支與「辰」坐山相同，為同旺局。日課月、日地支為「酉、辰」六合金局，尅「寅」人命木，幸得日課「甲」時干之祿到

「壬寅」人年命，及「壬寅」人年命天干與日課「丁」月干合木，總算有少少木氣補救，不致完全被尅。日課不得年月之令，只好用日、時相就，但沒有尅破，日課還是可以用的。

該日早上八時正安碑，一切順利，李生只封了一封約二百元的利是作報酬，其餘同行約三人，每人廿元利是，因為沒有碎紙，便問了高師兄借了兩張廿元紙幣，先前第一次看墳，李生説現在不方便，代下次安碑時再給你，高師兄並沒有開價，利是則一切隨意，其實都不是錢的問題，但李生出手真的是太低了，非常欠缺誠意，高師兄能夠出手救助，已經是非常慈悲的了，真的是菩薩心腸，令筆者繼大師非常感動！

正當一切順利完成後，因為時間尚早，約 8:45am，高師兄帶了朋友及學生，一共三人去行山研究風水，在乘搭的士途中，一下車，約行了五、六步，突然失足跌倒，全身趴在路面地上，真的是「趴街」了，皮膚擦傷，小小流血，雖然只是皮外傷，但跌得全身疼痛，苦不堪言，休息片刻，還是可以行的，再看一看，發覺手提電話留在的士上，但車子早已經離開頗遠，他自覺這就是替代別人業力的結果，故沒有任何怨言。

但事情還沒有那麼簡單呢！自從重修造葬李生祖父母墳碑之後，高師兄每晚均不能入睡，一躺在床上，自覺煞氣從前面入到身體裡，並且夢見李生變成一位頭戴鋼盔，身穿鐵甲，手執寶劍的將軍，他的面前有四、五個人身穿白衣，雙手反銬，跪在地上，整齊排列，個個伸出頭來，那將軍把寶劍一揮，一個一個的人頭落地，赫得高師兄在夢中驚醒，自覺這李生業力太重，他只好勤修苦練，把功德迴向給那些冤魂吧了。

但事件還未完結，高師兄的太太，亦同樣不能入睡，有一個晚上，發了一個惡夢，她夢見自己在山邊的墳場上，有兩個人走到她身邊，說要給她度身，她問二人，是否度身訂造衣服，其中一人說，不是，量度身體是為了造棺材用的，嚇得她痛哭流淚。

她對二人說：「你們為何不找我先生算賬，而要找我，他做風水，又不是我做。」

他們說：「他有金光護體，我們不能接近他，只有找你罷了，他救人一命，但這人註定要死的，所以要一命換一命。」

正當她不知如何是好，走也走不動的時候，在這危急關頭，突然天上打開一門，只見一道白光落下，化身為一位像是天神的人下降，對這二人說：「這個人要去洗手間如廁，就交給我吧！我帶她去廁所。」

這天神又對高太說：「等到月圓之夜，吃過晚飯後，抬頭看見月圓的時候，這一切的事情，就可以得到圓滿解決。」

高太驚醒後，心有餘悸，這事她說給先生聽，並抱怨高師兄不應該給李生看祖墳風水，無謂揹負別人的因果，給自己及家人帶來麻煩及災難。

夢中出現的神秘神人，其實說來話長，在辛巳年初，高師兄幫助其太太之老友閣女士剛逝世的父親骨灰加葬於澳門某天主教墳場內的家族葬地上，原本犯上較輕微的凶亡線度，後給他重新安碑立上旺向，在閣女士家族葬地上側旁，有一墳墓，葬者為閣女士祖父的哥哥，即是她的祖伯父，於1945年乙酉年落葬，這位閣先生中年早逝，生前未婚，任天主教澳門區的紅衣主教，終身為澳門教庭服務，顯赫一時。

怎樣証明夢中的神人就是他呢？原來，事有湊巧，當惡夢過後，高太接來老友閻女士電話，謂她母親閻老太為了感謝高先生幫助他丈夫造葬安碑，特別邀請他們一起吃晚飯，閻老太雖然是天主教徒，但她是相信風水的，因為她五個子女中，只得一個女嫁出去，拍拖或是同居的各佔一位，其餘的還是獨身，應了祖上孤寡線度墳碑的尅應。

當晚在大埔大尾篤某餐廳吃過晚飯後，閻老太母女二人與高師兄夫婦一同出外搭車時，抬頭一看，月亮非常圓滿，原來該日正是辛巳年的農曆八月十五，陽曆2001年10月1日，應了高太在夢中的神人給她說：「事情會在吃過晚飯後，月圓之夜時，事件會得到圓滿解決。」

當時高師兄二人回想起高太所發的惡夢，真的是如夢初醒，頓時兩人放下心頭大石，因為這些事情都成為過去的，他們顯得安心。

未幾，李先生再想高師兄幫忙他選擇買陽宅樓宇，他似乎在經濟上有了起色，但遭到高師兄的拒絕，真的是窮追猛打，一下子之間想靠風水發達，筆者繼大師真的非常感慨，眾生所祈求的事情，真的是求之不完，貪妄的人何其多也。

事隔約九年後，在偶然一個場合上，高師兄遇見了李先生，他想給李生聊聊天，但李生見了他面如不相識，尤如見陌生人一樣，對待高師兄非常冷酷，人情薄如紙，真的是：

「世情看冷暖。逢者不須言。」

其實這樣的人，真的不需要那麼認真地去幫忙他，一切事物，都有其因果存在，報應絲毫不爽，所以一切隨緣就好了。但是，風水的尅應，「壬」方煞水沖穴，尅應「壬寅」年人命，將發生於「壬午年、壬寅月」，這樣的氣數與因果，真的一點無差，筆者繼大師在此奉勸各位風水明師真的不能強出頭，否則易傷了自己，更會連累家人，無謂的犧牲，真的不必要了。

《本篇完》

（廿四） 祖墳對壽元之尅應

繼大師

陰宅祖墳的風水，對於葬者的後人子孫影響深遠，祖墳的風水包括「巒頭」，即是葬地的形勢，亦有祖墳墳碑的方向，這為之「理氣」，祖墳的巒頭與理氣，造就了後代子孫的吉凶。

若要後代得長壽，在風水巒頭上，必須要有高大的山峰作靠山，而且要靠得正及靠得近，方向要朝南方「丙、午、丁」，三合家稱之為南極仙翁之地，主掌壽元。筆者繼大師認為若懂得三元理氣之秘密法，在八大方位處，立得當元長壽卦線，亦可使後代長壽，但這是可遇不可求的，全憑運氣。

十多年前（2004年甲申年）有一戴姓地師給筆者朋友聶生在將軍澳墳場很有選擇性的揀選了一穴，朋友有兄弟姐妹五人，自己是長兄，二弟屬於辛丑年命，墳場的葬地，是由食環處以抽籤方式給市民排隊選取，友人幾經辛苦，終於買得一處較為滿意之穴地。

此地形勢不是很好，但左右有龍虎砂手兜抱，剛好包過墳穴，前方斜斜而下，下方盡頭是大海一片，對岸是將軍澳工業村，工業村的後方是上流灣、地堂頂、布袋澳等地，並作為聶生母親墳穴的朝山，墳穴前方遠處右面空蕩，是墳穴出水口方，為南方「丙、午、丁」方，所慶幸者就是墳碑的方向極佳，縱使將軍澳墳場地方是香港維多利亞內港近鯉魚門的出水口方，是為「水口砂」，因為經常受風所吹，石塊頗多，故有些地脈帶煞。

一般風水師看到這樣的墳墓，大多數認為墳前是水走，但風水之原理就是水出煞方為旺，煞出則旺氣入穴，在**《地理辨正疏》〈卷之二〉**楊筠松著**《青囊奧語》**（武陵出版社第140頁 — 142頁）有云：

「生入尅入名為旺。子孫高官盡富貴。」

蔣大鴻註解云：**「從外生入。從內生出。此言穴中所向之氣也。我居於衰敗。而受外來生旺之氣。所謂從外生入也。我居於生旺，而受外來衰敗之氣。似乎我反生之。故云從內生出也。」**

又云：**「此言穴中所向之氣。穴中既有生入之氣矣。而水又在衰敗之方。則水來尅我。適所以生我也。」**

此段風水學理，最是適合用於此穴地，此地巒頭雖然不甚佳，但方向非常配合，地師立辛山乙向，前面是衰敗之方，剛好海水又在衰敗之方。則水來尅穴，反而生旺墳穴，這「乙向」剛好被前方煞位衰水所尅，把龍脈煞氣制御，前方尅應以二房為主，二房為「辛丑」年生人，配合「辛」山，尅應尤為明顯。

當聶生母親墳穴葬下不久，在2005年乙酉年，他的二弟因為心臟病突發而入院救治，醫生說他非常幸運，若然遲一秒鐘開刀施手術就會死亡，他急忙去找造母親墳穴的地師，並告訴他發生這樣的事，戴地師說：「你是否來找我算帳！」

聶生說：「不是，我是來感謝您對我們的幫忙，我學過八字算命，知道我弟弟今年有事發生，且會凶多吉少，在此之前，他的心臟曾出現問題，曾經兩次中風，現在他危機已過，所以要來感謝你！」

戴地師說：「你母親的墳穴辛山乙向，你弟弟是二房，又屬於辛丑年命，尅應在乙酉年，全仗立取大吉之向度，這些都是你們修來的福份及運氣。」

自此之後，聶友人生意順利，也賺了錢，買了屋及多間廠廈，生活無憂，經常與太太去旅行，時間過得很快，直到2015年乙未年初，消息傳來，聶生二弟因心臟病突發而逝世，終年54歲，剛好在第一次心臟病發後第十年。

母墳「辛」山「乙」向，剋應二房「辛丑」年命人，發生於「乙未」年，雖然向度得旺，但敵不過命運，只是增加十年壽元而矣，但已經是很了不起。

故古人云：**「一命。二運。三風水。四積陰德。五讀書。」**以命運為主，祖墳風水只是助緣，最終還是跟隨自己的命運走，但母親祖墳之壽元剋應，點滴無差，先有吉地，立得吉向，再剋應坐向干支紀年，這就是風水入世法的成就，能夠學到這樣的風水功夫，也不容易啊！真的要好好感謝這位戴地師先生了。

《本篇完》

（廿五）風水與命運的尅應

繼大師

有兩名同拜一位風水師父的師兄弟，他們感情很好，經常一起行山去研究風水，學問增長得很快，有一天師弟應朋友陳先生夫婦二人的邀請，去東莞大朗村看陰陽二宅風水，因福主夫婦亦認識師兄，於是師弟與師兄及師兄的兩位徒弟同行，並作風水研究。

由於師兄懂得八字命理，到了大朗村後，他在晚上與此夫婦二人批命，批算結果令夫婦二人痛哭流涕，因為男事主被推算出其壽命不超過60歲，當深夜回到酒店房間，因與師弟同房，當時師弟正在熟睡中，師兄忍不住口，大聲對師弟罵說：「你逆天而行，明知他短壽，你還幫助他們看風水。」

師弟當時睡得蒙蒙朧朧，但還是聽見他所說的話，便回答說：「佛度有緣人，既然有緣，便幫他們看，我不懂批命，人情難卻，只隨順緣份罷了。」

因為師弟的太太與福主夫婦二人是老朋友，所以出手相助，因為約半年前，師弟義務幫助他們在香港的寫字樓修造風水，自此之後，生意開始興旺，賺了不少錢，所以再要求到東莞廠房勘察，看過廠房後，只是寫字樓門口作出少少變動，其他也沒有作出較大的改變。

但是人心總是不足，這對福主夫婦，竟再次要求順便幫他們看陳先生在東莞的父母親及祖父母親的祖墳，父母親祖墳並沒有安碑，墳穴後方正靠一矮小山丘，丘頂中央，種有一棵粗壯的大樹，剛好作為後方靠山，雖然沒有安碑，但方向是配合的，前面群山環抱，左右有少許龍虎山守護，頗為聚氣，且收得前方來水，山巒秀麗，主二房發富。

但陳生的父母親山墳有兩缺點如下：

（一）後靠山丘矮少，山丘後方空蕩而孤寒，主二房短壽。墳穴為辛山乙向，亦會尅應「辛」或「乙」年干出生之後人。

（二）右邊見有水流反弓而去，主三房不孝，且會拖累家族之人。

剛好陳先生屬於二房，又適逢是辛卯年（1951年）出生，尅應全部在他身上，正應了師兄給他批命的壽歲，正是不過60歲，他的父母親祖墳風水與陳生批命的結果大致相同，但師弟沒有告訴他們，只說，若全無意外的話，三年後才給他們父母親祖墳重新安碑。

至於陳先生的祖父母親墳穴，亦是後靠不足，建在一山坡地區上，穴收逆水，前方朝山秀麗，恰似一隻小鳥來朝，可惜部份被人為所掘破，方向失元，向離南之火，結果一次拜山後起了大火，把山區一帶的樹木燒過精光，幾乎要賠償，且公安要每一棵樹計算，幸好不久，此事不了了之。或是因為陳生父親曾是一位有名望的中醫師，醫治了無數人，可謂積有陰德，福及福主陳先生吧。

由於父母親祖墳的右方有可見的反弓水，主應三房無情，結果是三房弟弟在東莞駕車撞死了一小童，賠了很多錢，由於三房是一般的家庭，並沒有多餘的錢賠償，結果由二房陳生代賠，真的是連累了家族之人。

福主陳生夫婦，膝下無兒，只得二女，且希望能得子，師兄曾與他們用八字批命，並認為師弟的兒子八字旺他，建議過繼為義子，借用收義子以補他的壽元，此時他生意興旺，賺了不少錢，福主陳太為了防止丈夫亂化金錢，故意買了不少樓房，代他供欵，不意之間，樓價上升，帳面價值升幅不少。

福主陳太買了新屋入伙，並請師弟在家中擺放神位，師弟是一個隨和的人，那知在神位安座儀式時，陳太在稟神中說，要將義子（契仔）福份轉留給自己丈夫，使他健康長壽，因為陳生患有心臟病，師弟頓時覺得豈有如此之理，口中雖無怨言，但心中覺得這個人太過份，人心實是不足，內心想着要如何才能化解兒子的危機。

此事過後，師弟的兒子正在讀小學，由小三至小五年間，幾乎每天都被老師辱罵，又被同學欺負，上課時在班房門口罰企，及甚至非常小的事情，都用紅筆寫在他的手冊上，老師對他像仇人一樣，例如發問前不舉手等，又被記小過，幾乎被視為全校最頑皮的學生之一，師弟每晚都要在兒子的手冊上簽名，幾乎全本手冊都有紅色的筆跡，他並沒有責備兒子，自知自己的兒子惡運已經來臨，因為替代陳生業力的時候已經開始了，只好默默祝福他，頌經修法迴向給兒子。但是師弟的太太對兒子的事情非常看不開，日夜哭哭啼啼，非常不開心。

未幾，因為一些小事情，陳太對師弟不滿，結果翻了臉而互不往來，如是者事件開始至完結，前後約達三年，兒子終於能夠轉換新的學校，擺脫了在學校被老師壓迫的惡運。

時間過得很快，陳先生賺了很多錢，又換了新屋豪宅在窩打老道山，在 2011 年尾（辛卯年），朋友消息傳來，陳生在年中因為心臟病突發而逝世，享年不過六十歲，正如師兄用八字批他命時所說的一樣。

以筆者繼大師的經驗，福主陳生於「辛卯」年出生，父母親墳穴為「辛」山「乙」向，尅應在「辛」年，「辛卯」年為犯太歲之一年，祖父母親墳穴為離南之向，「離」屬火，主心臟，逝於突發性的心臟病，這種種的尅應，真是點滴無差。

由這些事情得知，先有祖父母親墳穴收得逆水，但立上「離南」之向，後應有這樣干支出生而帶有心臟病的後人，再有父母親墳穴的巒頭及向度，造就出陳生的命運。但是，他後天得到師兄的提示指引，不過這些指引是違反道德常理，豈有用朋友兒子補助自己壽元之理，又有師弟這樣有義氣的貴人相助，使得他財富更加豐盛。

筆者繼大師很反對有些學習八字命理的人，利用數術去奪人之福份，無論奪來給人或給自己，即等同犯偷竊罪，但這些奪來的富貴，也只是一時之間的事，真的是：「萬般帶不去。唯有業隨身。」

朋友之間，用風水來救助別人，出發點是好的，但往往人們貪得無厭，慾望無止境，不明因果，這福份互相對調，結果往往造成雙方反目成仇，因財失義，豈不悲哉！

《本篇完》

（廿六）二房與墳碑干支坐向的尅應 — 天干坐山尅應法

繼大師

一般陰宅墳碑的房份尅應，是左方青龍位應一、四、七房，中間前方應二、五、八房，右方白虎位應三、六、九房，這是通常的尅應，墳穴吉則後代子孫吉，凶則應凶矣。

有一親戚的朋友楊女士，祖先及祖父母共十多人，葬在一天主教墳場內，是平坡漸斜的地形，後方並沒有任何山丘作靠，前方不遠處，有一案山橫攔穴場之正前方，以麻石造成的大十字架為墳碑，全族人都是虔誠的天主教徒，墳墓在廿世紀三四十年代造葬，墳碑為辛山乙向，剛好在小空亡線上。

墳碑造葬後不久，楊女士的父親楊先生，於 1923 年癸亥年出生，並在 1951 年生了第一個兒子，為「辛卯」年人命，剛好與墳碑在羅盤廿四山的「辛」山同天干，由於墳碑後方靠空，為風吹頭，主頭部有事，其兒子在「辛卯」年尾，時約數個月大，突然患上急性腦膜炎，發高燒，父母甚為緊張，但束手無策，兒子的外婆甚有學識及智慧，立刻帶他去看一位很有名的西醫，打了特效針，發燒就慢慢退了，得以保命。

未幾，楊生的第二子出世，孩子漸漸長大，但發覺他頭腦有些問題，講說話不什清楚，有少少低智商的情況，但不是那麼嚴重，是極為輕度弱智。

不久祖墳後方，忽然建了一棟長方形十多層高的大樓，剛好作為墳穴的正靠，這時二房的情況又有些好轉。由於祖墳立上輕微孤寡線度，故楊生的四子兩女中，只得第二個女兒嫁出，而且並沒有子女，其餘皆未婚。

直至2001年「辛巳」年「辛卯」月，70多歲的楊生去世，並將他的骨灰一同放在祖先墳墓內，並且墳碑重新立上新的向度，雖然仍是辛山乙向，但已經不再是空亡線度了，有這件事情引伸出一連串的尅應事件。筆者繼大師述之如下：

（一）辛山墳碑沒有後靠，風吹頭，先尅應在「辛卯」年生人有急性腦膜炎及發高燒。

（二）其後蔭生第二房兒子有輕度弱智，墳穴後方建了新大廈作靠山之後，情況有些好轉，穴前主尅應二、五、八房之故。

（三）由於墳碑立在小空亡線上，六位子女，除了二女「乙未」年生人嫁出之外，其餘各兄弟姐姐均未婚，有兩位只是同居或拍拖，皆因祖墳立上輕微孤寡線度之故。

（四）行到「辛巳」年「辛卯」月，剛好是祖墳墳碑的「辛」坐山，尅應了楊生去世。

（五）由於前方案山略右方有一文筆尖峰，原本是應文章出眾的人，但尖峰在空亡位上，為「消峰」之現象，故後人大房子孫只出記者，做新聞報道抄寫的工作。原本穴前方是尅應二房的，但因為大房是「辛卯」年生，故尅應大房在先，後尅應二房。

陰宅祖墳的坐向，影響着後人子孫出生的天干及地支年份，以筆者繼大師所得之經驗：

（一）凡是祖墳的坐向，若是屬於天干，則尅應相同天干出生的後人。如祖墳坐山是「辛」，則尅應「辛」年命生人。

（二）若祖墳的坐向屬於地支，則尅應相同地支出生的後人，或是三合局地支的後人，如祖墳坐山是「子」，則尅應「子」年命生人，其次是「申、辰」年支出生的後人，如此類推。

這些尅應之妙，真的是點滴無差，全在這些秘密口訣，筆者繼大師今毫不保留地公開這些秘密給各位讀者，結個善緣，望有緣者得知，則不負本人的苦口婆心也。

《本篇完》

（廿七）生子的尅應——催丁口訣

繼大師

一位文先生，已接近50歲，膝下無兒無女，妻子文太46歲，已經超過生產年齡，文太很想擁有自己的小孩，在偶然一個機會下，認識了一位風水師的朋友，於2007年（丁亥年）頭給她看陽宅風水，陽居大門、房門均向羅盤廿四山的東北乾方，房間窗外向西南巽方，客廳窗外向東北艮方，為「乾、巽、艮、坤」四隅向度。

風水師朋友作出有兩點修改：

（一）將文太房間內的床頭後方窗台放上木櫃作靠，再蓋上窗簾布。

（二）由於文太房間的門口位置位於煞方，於是他巧妙地將門口位置納入吉位，其餘屋向、門向窗外的向度均正確。

在客廳窗外北方（子位）位置，有一非常有情的圓金形山峰，雖然被鄰廈遮擋了一小部份，但在窗邊位置上，仍然可見。由於陽居是四隅向度，故發福較遲。

修改風水後不久，文太在高齡之下，居然有了身孕，夫婦二人非常高興，慶幸文太認識很多有名的西醫，在各名醫的照顧下，一切都顯得平安，懷孕期間，身體也能健康正常，結果於2008年陽曆2月初，剛剛過了立春日，農曆屬於「戊子」年，生了一個健康可愛的男孩子，因為老年得子，故顯得非常開心。

這裏說明一點，陽宅的北方「子」山，有一圓金形的秀麗山峰，尅應在「子」年生一男丁，這是在巒頭山峰上，與流年時間上的配合，這當然要向度正確才可以配合，正是時也運也，出路遇貴人，兒子現時已經十一歲大（2019年），學業成績，名列前茅，每一期的考試，成績均第一，相信是他們積來的福份，他們夫婦對孩子的付出也很大。

若想要得到人丁，以筆者繼大師的經驗，最少需要有兩種條件，始能催丁，現將口訣公開如下：

（一）陽居住在有地氣經過的地方，若在結穴位置上，那就最好不過了，能夠得到地氣，就是得子的原因。

（二）在方向及方位方面，要符合「生方」，再配合巒頭砂手，水口出煞，收得貴人秀峰，坳峰催丁等。

無論陰陽二宅，若能夠配合以上兩點，就能夠催丁生子。筆者繼大師發現在**《相地指迷》〈卷之六〉〈平洋金針〉〈總論理氣〉**（武陵出版社 — 第164頁），內有催丁口訣，筆者繼大師恭錄如下：

「河圖之用最妙。而人不知取則者。以未明八卦相配及干支相配之法也。其中有生成、合五、合十、合十五之數。葬法得河圖之生數者。發子孫。得河圖之成數者。興富貴。而合五、合十、合十五之數。為陰陽相配之妙理。……」

催丁者口訣即是：**「葬法得河圖之生數者。發子孫。」**全憑理氣象數上配合得宜，加上時運、人命、屋向等條件之下，就可以得子。

其實發「丁、財、貴、壽」，未必一定在陰宅祖墳風水上，不過陰墳力量較大，見效快。但若能以巒頭配合方向、方位之理氣，陽居亦可發丁。

這陽宅風水的少少改動，能準確地修改到位，就可以將福份帶引出來，不過「丁亥」年頭修改，「戊子」年頭相應，時間真的非常緊湊，畢竟明師難求，相信這一切都是講緣份的，不能強求。

《本篇完》

（廿八） 空亡線度的尅應 —— 空亡口訣

繼大師

「空亡線度」是指方向或方位在煞位，所謂「空亡」，即是「無有主宰」之意，譬如人有男人、女人，但是不男不女就是陰陽人，俗稱「人妖」，就沒有完全男和女的個別特徵。在三合家風水門派內有「黃泉八煞」之說法。在《地理辨正疏》（武陵出版社No：112冊，蔣大鴻註，張心言疏。）**《卷末叢說》**第330頁云：

「一如坎龍（辰）**。坤兔**（卯）**、震猴**（申）**、巽雞**（酉）**、乾馬**（午）**、兌蛇**（巳）**、艮虎**（寅）**、離豬**（亥）**為八煞。謂收乾、坤、艮、巽、子、午、卯、酉八龍。斷不可收辰、卯、申、酉、午、巳、寅、亥之水。……八龍適在八宮交界之地。格龍不清。兩宮雜亂。不必更收八支之水。而災禍已立至巳。……」**

繼大師註：「坎」為北方，以「子」山為來龍，收「辰」方之水。

「坤」為西南方，以「坤」山為來龍，收「卯」方之水。

「震」為東方，以「卯」山為來龍，收「申」方之水。

「巽」為東南方，以「巽」山為來龍，收「酉」方之水。

「乾」為西北方，以「乾」山為來龍，收「午」方之水。

「兌」為西方，以「酉」山為來龍，收「巳」方之水。

「艮」為東北方，以「艮」山為來龍，收「寅」方之水。

「離」為南方，以「午」山為來龍，收「亥」方之水。

原文第　頁又云：**「而以乙、辛、丁、癸之向。見乾、坤、艮、巽之水。在三合沐浴方。謂之殺人黃泉。不知乾、坤、艮、巽均為一九分界之處。……」**

繼大師註：羅盤廿四山中之「乾、坤、艮、巽」位，均為兩宮交界之處，故引說：**「為一九分界之處。」**

以上為三元地理風水師對於黃泉八煞的論點，其最重要的口訣就是：**「八龍適在八宮交界之地。格龍不清。兩宮雜亂。……乾、坤、艮、巽均為一九分界之處。」**

根據筆者繼大師的寶貴經驗口訣，凡是羅盤中的交界及分界線上，就是「陰陽不定」之線度，這兩宮雜亂即是「空亡線度」，墳碑一但立上這些向度，後人多剋應夭折。

筆者繼大師舉兩個例子如下：

（例一）：香港長洲東灣有渡假屋，以前名為「東堤小築」，現在稱為「邁亞米渡假屋」，其位置在長洲東灣路邊，屋靠空，背靠東面海岸邊沙灘，屋坐羅盤廿四山之「甲寅」界線，門口向「庚申」界線，三合家稱之為「空亡線度」，其結果是，有很多對情侶入住時燒炭自殺而亡，有很多人或者不明白他們為什麼選擇這裡做自殺的地方，但筆者繼大師認為，若屋向犯上空亡大煞之線度，必然會招惹此等凶事發生，因為物以類聚。

（例二）：在馬來西亞雲頂賭場附近，下方有一條小村落，其中附近有一棟大廈，約十層樓高，非常肆正，前有停車場作明堂，但剛剛向度立在空亡煞線上，其結果是，有很多人在雲頂賭場輸掉所有錢財之後，都選擇在這裏跳樓自殺而亡。

筆者繼大師曾在香港坪洲聖家路近南山路邊，見有一棟二層樓高的平房屋，外牆長滿雜草青苔植物，屋已荒廢，沒有人居住，在量度向度之下，發覺原來又是空亡線度。

在廣東淡水近惠州市有葉挺將軍故居，其中有葉氏祠堂「會水樓」，其來龍後方的平坡地路邊，筆者繼大師見有一棟平房屋，外牆亦是長滿雜草青苔，荒廢而沒人居住，在量度向度時，發覺亦是空亡線度。

至於在陰宅祖墳上，若墳碑犯上空亡煞線，二房後代子孫，或是獨子，多會夭折或意外而亡，筆者繼大師曾經在香港新界新田地方山邊墳墓區，見有一墳，碑被人打破，在墳土中已經沒有骨骸，向度是空亡煞線。

又在香港新界粉嶺蓬瀛仙館後山的地區範圍內，有一公共墳場，其中有一墳碑亦是被人打破，亦是沒有骨骸，當量度其原有的墳碑向度時，又是酉山卯向空亡煞線。

以上這些破爛的墳碑，以筆者繼大師的經驗，就是造葬骨殖後，在墳碑立向時，無意之間立上了空亡煞線而不自知，導致後人子孫意外身亡，其他後人子孫一見有家族兄弟發生意外，即刻意識到是墳碑風水造成，便立刻把墳碑拆去，將凶事停止，避免繼續發生，但往往都是已經死了人，雖然亡羊補牢，但未為晚也。

國際著名巨星李小龍原名李振藩，卒於1973年7月20日，並葬於美國西雅圖湖景公墓，其墳碑坐西向東，向度為「庚」山「甲」向，剛好是空亡線度，剋應在羅盤廿四山方的「庚、酉」及「甲、卯」為雙山雙向線度，其獨子李國豪於1965年2月1日出生在美國加利福尼亞州奧克蘭。三柱八字為：

甲辰　年
丁丑　月
丙戌　日

李國豪先生因拍戲時假戲真做，以致中槍身亡，卒於 1993 年 3 月 31 日，日課干支為「癸酉」年，「乙卯」月，享年 28 歲，「酉」年「卯」月是歲破之月，剛好李小龍碑墳是「庚」山（「酉、庚」雙山）「甲」向（「卯、甲」雙向），雙山雙向廿四山的地支方完全相同。

「甲」向的墳碑，剛好就是其子李國豪之生年天干「甲辰」年，全完相同。李小龍所葬之位置，其週邊的公路，前方對面形狀恰似一支手槍，他葬在手搶的扳機上面，形勢與理氣全合，真的不知道是否命運還是天意弄人，豈不悲哉！

在黃泉八煞線度之中，以筆者繼大師所認知，凡是「子午」南北正線向度，只可適用於出家人住的廟宇上，一般俗家人不適宜，甚至教堂亦不適宜，例如澳門的大三巴教堂，就是「子午」南北正線向度，尅應年度會在「子、午」之年，結果大三巴教堂曾經發生過三次大火災，分別在：

公元1595 年、1600 年及 1835 年 1 月 26 日。

大三巴教堂原名為「聖保祿教堂」（Ruínas da Antiga Catedral de São Paulo），因為火災關係，只留下門前牌坊，現稱為「大三巴牌坊」，因為教堂曾經發生過火災，災劫過後，竟然成為世界有名的名勝地區，真的是禍福相依啊！

首先，第三次大火發生於1835年1月26日黃昏時所發生的那次火災，日子還未過2月4日之立春日，故農曆仍然屬於1834年，為：

「甲午」年「乙丑」月干支。

農曆時間干支行至「午」年，尅應在「午」向，坐空亡煞線上，即發生大火。

第一次大火發生於公元1595年，農曆干支為「乙未」年，因為正確時間不知道，筆者繼大師認為若是發生於一月，未過2月4日之立春日，便是「甲午」年。

第二次大火發生於公元1600年，農曆干支為「庚子」年，剛好「子」山為大三巴牌坊之坐山。

除了第二次火災時間尅應非常準確之外，雖然第一次與第三次火災的確實時間不知道，但都非常接近「子、午」年支，當然尅應的時間未必那樣準確，但總不離開這段時日，亦要配合天時，時值澳門的冬季，天氣乾燥，容易發生火警。

西方人不知是風水煞線的影響，亦不會相信此等風水理論，且會視為迷信。其實，這等三元元空大卦的風水理論，正是一等一的超級科學，不過，冥冥中自有因果主宰，這一切都是命運的安排，真是逃避不了的氣數啊！

以上各種個案，都是鐵一般的事實，是筆者繼大師得了 呂師傳下心要口訣後所實證出來的心得，現在把經驗口訣毫不保留地全部恭錄出來，願有緣人得知，珍惜它，守護它，非人勿示，則不負筆者的心血也。

《本篇完》

（廿九）石頭壓墳頂的尅應——雙山雙向口訣闡釋

繼大師

在潮州汕頭某地山頭，群山南北相對，中間是一片田地，來龍由北向南行，北面群山之中，生出一闊大主脈，左右有守護的山脈同行，主脈有少許擺動，將到山腳平田時，主脈生出一平托，穴結小平地之前，前方朝山像一隻大鳥俯伏來朝，可喝名「大鵬展翅穴」，子山午向，是真龍結穴，內葬有二人，葬者是清代的官員，屬於孖墳之墓地，兩墳為雙山雙向的格局，是明師手筆。

《地理辨正疏》內楊筠松著之**《天玉經》**（武陵出版社出版內第 168 - 169 頁）云：

「雙山雙向水零神。富貴永無貧。」

張心言補註：**「雙山如峽寬。而一六雙收者是雙向。乃用父之法。如用乾之上爻。為四九雙用。」**

蔣大鴻註解曰：**「若雙山雙向卦氣錯雜。須得水之外氣。悉屬零神尅入相助。則雙山雙向。為水神所制伏。而富貴可期矣。萬一水路又屬正神。則生出尅出。兩路皆空。而敗絕不能免矣。」**

「雙山雙向」顧名思義就是兩個向度，一正一輔，兩個墳墓，就是上元兼下元，及下元兼上元，故元運長久。孖墳之中，其中一位清代官員之墳墓，其向度正如張心言地師補註中所說：**「乾之上爻。為四九雙用。」**

筆者繼大師現解釋蔣大鴻地師註解**《雙山雙向》**的口訣如下：

「《雙山雙向》的卦氣是兼其他元之氣運，若是零神卦向，必須得水神來朝，名為「零神尅入相助。」若卦氣配合，則富貴可興。若是正神卦向，卦氣則生出尅出，水神成為煞水矣，敗絕不能免也。」

在這清代官員的真穴後方同一條龍脈上，滿處都是山墳，大部份都是清代官員的後代子孫，由於時代久遠，葬的人數愈來愈多，就形成了一個公墓墳場，此大鵬展翅穴後方約卅至四十呎處，葬有一穴，屬於他的子孫後代墳墓，只得墳碑一碗，因為地方較前方的地勢為陡斜，引致墳碑有少許傾向前方，向度為子山午向兼壬丙，向「午」而挨貼着「丙」方。

此墳後方之「癸」位，剛好有一塊大石頭，葬者之二房兒子，生於1930庚午年，姑且稱他為萬先生。萬生早年在解放時來港，生活艱苦逼人，於1953年癸巳年生了第一個兒子，聰明伶俐，讀書記性良好，乖巧聽話，18歲時因為某些原因，上不了大學，時為1971年「辛亥」年，剛好天尅地沖生年「癸巳」干支，自始之後，意志消沉，漸漸地精神恍惚，神經開始有些錯亂，不滿現實，對任何事情，總不滿意，曾經入過青山精神病院接受治療，後來精神才穩定下來。

萬生前後育有四子二女，三個兒子學有所成，家中成員容易精神緊張及神經衰弱，其中大女兒在戊戌年甲寅月腦部爆血管，曾經多次做腦部開刀手術。之前，於2013年癸巳年中萬生腦部中風而亡，時年83歲。曾經有精神病的大兒子於「己亥」年病逝，終年66歲。

寫了那麼多，筆者繼大師主要是想說明祖先墳穴後方石塊的尅應而矣，「癸」方的區區一塊石，就尅應後代子孫多人，這就家族的命運了。總括尅應如下：

（一）墳穴後方「癸」位石塊，尅應「癸巳」年生人頭部精神有問題，開始於「辛亥」年，又於「己亥」年病逝。

（二）「癸」方與「丁」方對宮山方，「癸、丑」及「丁、未」為廿四山之雙山雙向，尅應同屬一山計算，故尅應在「乙未」年後代生人，其頭部中風及腦部開刀手術，這是屬於雙山雙向的干支尅應原理之一。

（三）尅應葬者之二房兒子（萬先生）於「癸巳」年腦部中風而亡。

（四）萬先生的直係孫輩，三個男孫兩個女孫，個個聰明伶俐，學業成績良好，有兩位更是資優生，這証明祖墳尅應葬者之孫輩腦部不好，但曾孫輩頭腦是聰明及良好的。

其尅應之干支，總離不開「癸」、「丁」及其雙山雙向之「丑、未」，除此之外，還有墳碑向前傾斜，立向不佳所致，似乎一切都是家族的命運，現代人來說，就是家族遺傳，陰墳的尅應，真的是點滴無差。

《本篇完》

（卅） 太極穴的尅應 —— 雙山雙向貪狼局

繼大師

詩曰：

雙山雙向貪狼局　雙妻雙妾齊和睦
名成利就子女孝　三妻四妾齊人福
人心不足蛇吞象　無窮慾念名利強
風水錯造敗財丁　妻財子祿夢一場

在馬來西亞有位姓郭的職業風水師，早年在西馬曾經跟隨一位文地師學習三元元空大卦風水，又在香港跟隨一位老姓地師學習風水，用了很多錢作學費，後來因為發現老地師學藝未精，只是虛有其表，他為了尋找真正的風水學問，過去已經用了20多年的時間，尋尋覓覓，終是撲個空，天下雖大，但總覺得明師難尋，因為他是以風水為職業，故急於尋找一位真正的明師學習，並能夠教授他真正的風水學問，使他在風水職業上，更上一層樓。

在偶然的一個機會下，認識了香港老地師的師父明地師，明師傅雖然不是職業風水師，但他學藝精湛，品格清高，因為郭地師為人多疑，性格陰沉，又怕再錯跟偽師，因此延遲了兩年時間才跟隨明師父學習，因為兩地相隔遙遠，初期郭地師一年到香港一次，每次學習一星期，之後兩至三年一次。明師父是個老實人，卻毫不保留地將風水心法傾囊相授，最後郭地師認為自己工夫已經了得，並沒有再繼續學習，後期他更將風水秘訣，以高價傳授其他弟子，圖取厚利。

總括來說，郭地師先後跟隨三個師父，第一位是西馬文師父，第二位是香港老地師，第三位是香港明地師，明地師又是老地師的師父。在初期跟隨明地師的學習過程中，不到五年，在丁亥年，他便邀請明師父到西馬馬六甲一個公眾墳場勘察他的父親墳墓，這墳墓是先前由他的第一個在西馬的文師父所點穴造葬，文師父雖然年紀老邁，但學藝尚未精湛，他的父親墳碑在羅盤廿四山方坐山為「坤申」正線，向「艮寅」正線，文師父並認為是雙山雙向，殊不知這線度是犯上黃泉八煞，尅應了郭地師在「甲申」年頭遇上交通意外，剛好「申」山尅應「申」年，幸好車子雖毀爛，人卻沒有事，總算逃過一劫。

明師父在香港出發時，準備與妻子同行，以方便照顧，出發時原本設定鬧鐘六時正起床，怎知在熟睡中，外邊下着大雨，突然天上行了一個嚮雷，把他們全部驚醒，這時鬧鐘剛好響起來，真是天降嚮雷以作鬧鐘。

給人造葬陰宅風水所揹負的因果，比起陽宅風水甚為嚴重，尤其是這個郭地師，以風水為職業，常常給人造陽宅風水，功夫未曾到家，連自己父親祖墳也不敢修造，但他真有運氣，遇到位明師父肯出手相助，但因果不昧，明師父發生下列的替代事情：

（一）臨行前妻子突然出現十多日經血不止的現象，剛好在出發前一天停止，否則將會取消行程。

（二）到吉隆坡落機後，明師父因飛機氣流阻塞耳朵引致左耳聽不到聲音，過了約十天的時間，至上機回香港途中始復原。

（三）完成勘察祖墳後，由吉隆坡飛回香港，明太在落機後，亦因飛機氣流阻塞耳朵引致右耳聽不到聲音，十多天後始復原。

馬六甲的山脈，由北方而來，整個馬來西亞，其來龍脈氣甚長，遠至喜馬拉雅山脈的喀喇崑崙山，由中國經過泰國入馬來西亞，全部由北向南行，巧妙的是，其來龍至此公墳地區，脈氣回轉起出一木形秀洩的山峰作祖山，祖山坐西南向東北，其四週地勢成一個大圓形，大圓形邊有橫長而相連的矮小山丘作邊界，脈氣由木形祖山由西南向東北落下，至山腳處為平坡地形，龍脈在平坡上緩慢地行走，且屈曲擺動有情。

主峰為一支獨秀的木形山峰，遠看像一個細小的富士山，木形山的背後，全是平地，是來脈盡處的山峰，然後脈落平洋，不見蹤影。這木形主星落下的龍脈，走到一處地方，生出一突的小丘，為父母星辰，穴緊貼父母星辰之下，已經有兩個墳墓葬在穴位正中間上，為張姓夫婦墓地。這個奇穴，正是一個不折不撓的「太極穴」。

此穴有左右屈曲弧形橫長矮脈作夾耳而環抱，遠處的前山，在視覺上略為高出，若走到祖山頂上，可以觀看整個前方大局，山巒綿綿不絕，其中有一條橫長的矮脈作案山，橫攔在穴前方，但在穴上不見，為倒地文筆，主文章出眾，可蔭生狀元及第，墳穴逆收整個馬來西亞的北面山脈，是一個非常大的逆水局。

無論是主穴的張姓夫婦墓地，或是郭地師父墳，其巒頭朝向全部一樣，張氏正穴雖然緊貼父母星辰，但是靠不到來龍木形祖山，而它的元運已過。而郭地師父墳，雖然不是正結，但它能正靠來龍木形祖山，巒頭雖然欠穴星，但以遠山秀峰作靠及方向補其不足之處。

明師父在丁亥年頭及年尾，先後勘察過兩次，第一次勘察時，他發覺是個太極穴，他用巒頭配合理氣來決定向度及水口方位，第二次在丁亥年尾重修安碑，「未」山配以祭主郭地師「辛卯」生年人命，日課擇於 2007 年陽曆 11 月 21 日未時，日課四柱為：

丁亥　年
辛亥　月
己未　日
辛未　時

日課日、時「未」支同旺「未」山，日課月、時兩「辛」干同旺「辛」祭主人命，地支年、月兩「亥」支及日、時兩「未」支，邀拱「卯」祭主郭地師年命地支，因「亥、卯、未」三合木局故。

安碑前一晚，飛機剛到達吉隆坡機場，即時飛車直落馬六甲，明師父為謹慎起見，便直接到馬六甲公眾墳場視察情況，抵達時已經是晚上十時半了，黑夜在墳場出入，環境雖然有些恐怖，但為了確保重修祖墳圓滿，明師父認為是必須的，他真是一位非常盡責的人。

視察後，發覺地匠準備功夫不足，原本修墳的地匠，早在一週前拆卸舊墳，一不小心，跌斷了右腳，入院治療中，不能給他修墳，地匠亦懂得看擇日日課，發覺日課並未有沖犯他，他自認因為人有三急，在墳場內小解後出事，他承認自己因犯錯而沖犯其他公墳，由此引致意外，無奈之下，只好由他的弟弟幫助安碑。

代眾人回酒店後，明師父發覺尺二大的羅盤面板上的紅色魚絲斷了線，只好通知祭主郭地師，可謂障礙重重。郭地師因為恐怕明天下午安碑有誤，結果整晚在酒店露台上，向着當天禱告，祈求安碑順利圓滿，當晚明師父立刻把紅色魚絲線修理好。

翌日明師父主動找地匠弟弟，拉好碑向線度，時辰一到，便安上石碑，後再覆核向度無誤，並請郭地師重新覆核一次，以証明準確無誤，日後若有差錯，責任不歸安碑者。

在先前一次的勘察其間，郭地師在西馬的第一位師父－文師父已經過世，並葬在郭地師父親祖墳的下方，是文師父生前為自己點造生基時順便給他父親點地。郭地師最初要求明師父在另一墳場覓穴地安葬，但經過明師父勘察之後，發覺向度逢空亡煞線，只要改好向度就可以，不必遷墳，這樣就省下了不少金錢。墳碑由坐山「坤申」正線向「艮寅」正線，改為「未山丑向兼丁癸」，再配父母卦水口，為貪狼大局，又兼取雙山雙向之先天八大宮位局。

這種理氣格局，如香港元朗屏山以西北地方，由鄧氏四世祖鄧符協地師自卜「仙人大座穴」之格局一樣，不過水口與向度倒轉，其分別是：

仙人大座的水口——是郭地師父墳的向度

仙人大座的向度——是郭地師父墳的水口

這樣的格局，是可遇不可求，剛好郭地師父墳立未山丑向，其正正後方，有一木形秀峰，就是此片地區的來龍祖山。此穴並沒有犯上巒頭上之煞，雖然距離真結穴地的右方約八呎，但當此墳碑一立下，就會奪去右方正結吉穴太極穴之氣。此地是西馬南龍在馬六甲盡結之地，是逆龍，兼收逆水局，又是回龍顧祖之大地。

郭地師是職業風水師，配合太極穴，主出術數人才，真是上天賜給的他的一份好禮物，真的要好好感謝這位明師父才對，相信只有他才能看出來，否則郭地師早就知道，何毋請明師父看地。由於是貪狼大局，又兼取雙山雙向，明師父預言會生雙胞胎男丁，應郭地師的孫子，又應郭地師在風水上會揚名。

由於明師父安碑後不久便回港，其餘墳墓的修造，口頭咐囑郭地師如何修造，結果地匠弟弟修造墳墓子孫托邊的出水口時，錯誤地由近托邊之地底開孔而出水，一般造法是直接由子孫托邊開孔而出，因此影響了其後代子孫的尅應，筆者繼大師述說其尅應如下：

正常的尅應 —— 出水口直接由子孫托邊開孔而出 —— 墳碑「坐未向丑」，「丁亥」年修造，尅應最快會在「己丑」年，或在「未年」，其次在「亥、卯」年，會尅應生雙胞胎男孫。

由於錯造出水口在近托邊之地底開孔而出水 —— 結果是郭地師的已婚大兒子在翌年「戊子」年頭，及在「己丑」年尾，共生了兩個兒子。

郭地師當然非常高興，雖然不是雙胞胎，但始終生有兩個男孫，還有兩件尅應事情發生，筆者繼大師述之如下：

（一）可能西馬是回教國家的關係，郭地師娶了兩個老婆，原配大婆及妾侍各有子女，但因為關係不和，並沒有互相來往，當修造完父親墳墓後，大婆主動要求與妾侍兩家人及郭地師一同吃飯，大婆兒子主動挾餸給他，生平第一次叫他爸爸，他心裏非常感動，差點落淚而下，金錢是買不到親情的。

（二）原配大婆怕沒有人照顧郭地師，主動命她的金蘭義妹日夜照顧他，作為他的第三位妻妾，洗背擦身，起居飲食，全部照顧得無微不至，大享齊人之福。

（三）郭地師的女兒，生於丁丑年，時只十歲，讀書平凡，成績一般，但自從在丁亥年做了她的祖父山墳之後，讀書成績，位列前茅，全西馬十科成績A級，為超級資優生，直入大學，成績進步，超乎想像。此皆因穴前橫長山脈為倒地文筆之故，主蔭生狀元及第。

但是當造完郭地師父墳之後不久，這位明師父之兒子，與此同時，在讀中學期間，分別留了兩次級，幾乎被趕出校，這就是替代的代價，陰宅風水力大，替代亦需付出不少。不要以為郭地師一定給明師父的風水庚金利是很多，一切都是隨緣利是一封，他應該非常感恩才是，金錢買不到親情，買不到成績，更買不到聰明智慧！

由於郭地師曾跟隨第一位文師父學藝，文師雖然過了身，但他的精神不滅，明師父回港後，翌日晚上他夢見自己給郭地師看陽宅風水時，一出門口，即被一條青竹蛇咬了右手手臂一口，朦朦朧朧之中，看見青竹蛇化為一個身材矮少的老頭，頭帶着帽子，面上有很多皺紋，右手持着手杖，原來這文師父妒忌明師父給他的徒弟郭地師看地，夢中化蛇來攻擊，真的是靈頑不靈，死也不化。

太極穴修造完畢後，郭地師因辦風水雜誌而聲名日增，不久便再次邀請明師父來西馬教授他風水，當十天的行程都安排好之後，在西馬出發前，突然接到一名高官客戶的邀請，要給他看陽宅風水，結果他背信棄義，為生意而失約，只得另一名學生充當司機同行，結果錯失了學習的良好機會。

有一次明師父剛好教了郭地師一個秘密口訣，比喻地球傾斜23度半，但中國古代術數家計算的是22度半，用於山水零正之先後天大八卦的地運中，但郭地師認為是很普通的原理，並堅持要公開寫在書本上，遭明師父反對，郭地師在爭持間，原本天朗氣清，但突然天上打了一個響雷，嚇得他啞口無言，不敢再說了。

有一段時間，郭地師覺得在工作上有點不順利，懷疑祖墳出問題，或許被人破壞，多疑的他，於是再次去量度父親的墳碑，發覺碑向與原先向度不同，水口亦相差了一個掛線，立刻電話詢問明師父。答案是，量度者身上有磁鐵，故影響量度的向度，但他總是多疑，便將水口位置改動了一些。不久，大兒子突然把頭髮染上金色，耳朵穿大耳環，一反常態，嚇得他立刻改回原來水口位置，之後，大兒子的頭髮及耳環，自動變回原型。經過這次教訓，他再也不敢輕舉妄動及任意修改祖墳了。

未幾郭地師父墳前方突然建上高樓大廈，把朝山遮蔽着，變得堂局不開陽，似乎意味着會有凶事發生。

郭地師有一次與一高官做風水，當完成後，高官家裡發生凶災，他眼睛突然有事，一隻眼睛只剩下三乘視力，高官找他算帳，後來賠償金額了事。由於他一隻眼睛得三乘視力，於是他請求明師父給他擇日開刀，用雷射激光手術治療眼睛，雖然擇了吉日，但他擔心手術不成功，日課始終用不着。錯造風水而發生凶事，引致果報出現，所以給人家看風水必須要細心，觀察入微，否則易造成嚴重後果，學藝要精，如果急於搵快錢，容易害己害人，但他又以為自己功夫了得，產生高傲之心，不再去進一步學習。

郭地師某日到印尼和一位婦人及她的女兒看風水及看八字，發覺她女兒的八字非常生旺自己，於是與婦人相討，給了她一大筆金錢，把她的女兒跟隨自己做第四妾侍，兼做他風水生意的助手，這是婦人擔心女兒嫁不出，在雙方同意之下，於是讓這位肥女孩隨他回西馬，日夜照顧他，這等同是一宗生意買賣。

約五年後，肥女孩因為郭地師與他的三妾來往親密，於是發生大衝突，幾乎要攬着他一齊跳樓自殺而同歸於盡，幸得明太在電話中大力開解她，好不容易才解決他們之間的紛爭，郭地師因此又逃過一劫了，從此倆人分開。此事過後約三、四年，肥女孩終於找到她的歸宿，與一青年人結婚，此事到此，總算圓滿解決。筆者繼大師對於學術數的人，是極為反對利用別人的八字時運去生旺自己的，這種自私的行為，其做法違反天理。

與此同時，郭地師每年開三至四班的十天風水速成班，學費每人共約九千多元馬幣，一班十人，數年間，賺了不少錢，陰宅風水的生意，業務蒸蒸日上，自己不親自造葬客戶祖墳，只提供墳碑向度，收取客人風水庚金利是，命徒弟代客人修造，說要給個機會讓徒弟去實習。

若遇到問題不能解決，便打電話到香港的明師父，假裝詢問風水上的問題，其實是代問客戶的祖墳風水如何修造，這樣便瞞過了師父，上有人可問，下有人代造，中間自己收錢，真是絕世好計。而郭地師給人造祖墳風水，沾染了不少陰氣，竟然在通電話時，全數過了給明師父，引致發生很大的干擾，有一晚，更引致明太嚴重咳嗽，幾乎窒息而亡。

奈何郭地師的徒弟因為造葬陰墳多達約六十多個，因此替代客戶的因果業力，引致徒弟生意失敗，欠人錢財，一身債務，吸了很多陰氣，整塊面部口黑面黑。

又因為郭地師給這個徒弟造葬祖先山墳，白虎後方有一高大的電鐵塔，雖然距離不是很近，但有直接影響，結果第二房人身亡，及其中一房腦部精神有問題，這位徒弟求救無門，忽然想起他門派內有一位師公輩份的職業風水師鄧師傅，立刻邀請他重新覓地造葬祖先山墳，事情始得到轉機。

郭地師父墳被前方大廈破壞了明堂之生氣，尅應了他給人造錯陰墳穴地而令人死亡，兒子又犯官非，真的是報應來了，風水難敵業力之故。

這位師公輩份的職業風水師鄧師傅，正是明師父的師兄，鄧師兄知道自己的明師弟教這位郭地師風水，弄得自己的風水門派聲名惡臭，於是找明師弟算賬，時值丁酉年，鄧師兄與郭地師剛好天尅地衝生年太歲。鄧師兄要求師弟寫一封與郭地師解除師徒關係的公開信，並在他的臉書上公開發表，以免日後影響門派的聲譽，明師弟左右為難，不知如何是好。

當晚，鄧師兄即時夢見他的已故師父，對他說，此事自有他們（明師弟及郭地師）的因果存在，不宜插手理處，靜觀其變可也。雖然鄧師兄相信他師父在夢中所說的話，但他認為明師弟必須要表明自己的立場，以後不要再教這位郭地師，他更認為徒弟造錯地，引致他人死亡，行為犯惡行，做師父的，應該要負全責。

鄧師兄要求師弟寫一封信，表明他對郭地師的立場，並聲言不會公開，只是自己保留作一個証明。發生此事前後共約一個多月，師弟對於師兄要求，本來是無所謂的，但他不想自找麻煩，又怕節外生枝，於是拒絕了師兄的要求。

當天晚上，師弟夢見師兄很憤怒，用雙手手掌打向他心胸，又見有20多隻紅色光的善鬼出現，纏繞着他，找他的晦氣，似乎這些鬼物都是他師兄的守護神，受到他師兄的憤怒心意而行事，剛好師弟每晚睡覺前習慣持大力鬼王金剛咒，正是這些鬼物的剋星，竟然把七隻鬼物收去，其他的都驚散而逃，無形中好像鬥了一場法一樣，自此之後，彼此甚少來往，事情總算告一段落。

其實，凡事管好自己就是，當你不明白別人的因因果果時，最好不要干涉他人的事，否則自己找煩惱，很多事情都是意料之外，是善是惡，很難有個準則，凡是對人不利及不好的事情都不要做，對人有益的事就可以做，以此為原則，就正確了。這就是：「諸惡莫作。眾善奉行。」

在風水上的尅應，除了講求風水技術之外，時運是關鍵之處，筆者繼大師認為，若利用風水去尋求非份之福，若不是你命中擁有的，始終都會失去，雖然得到，但之後卻會損失另一樣東西。風水師給人看陰宅，自己的福份會流失，並自動給予別人，日久之下，福份容易享盡，就會折自己壽元，若自己有點修為，也要付出代價，甚至連累家人，真的要小心處理啊！

關於在追求真正的風水學問上，有人一生追求真道，但偏偏卻遇不到明師，一旦遇上，卻不會珍惜，反而因為得到風水學問，而做下不少惡事，這全憑個人的心性，郭地師就是這種人，他還認為明師父給他修造父親祖墳，其效應都是一般，沒有什麼特別，亦沒有大富大貴，一切都顯得很平凡。

但他沒有細心想到，親情和智慧是買不到的，真的是人心不足蛇吞象，可憐又可悲啊！他那會知道明師父為了他，而被他的師兄找麻煩，所以地理師小心擇徒！但無論如何，在陰宅風水尅應上，絲毫不差，風水是助緣，一切都跟隨命運中的因果孽緣走。

《本篇完》

（卅一） 造葬日課尅應出生小孩八字

繼大師

造葬祖先山墳，首先巒頭上沒有犯形煞，向度生旺，符合這兩項條件，再選擇安碑的日子，這除了尅應已出生的後人外，未出生的孩子，會依墳穴的吉凶而蔭生，也會因為安碑的日課，而影響到後人出生的八字。

曾經有一祖墳，穴地並沒有犯上形煞，有靠山、左龍、右虎、前案等，形勢頗為氣聚，地師立向，取庚山甲向兼申寅，配以祭主己酉年命生人，日課擇於 2004 年陽曆 8 月 22 日下午六時安碑，四柱八字為：

甲申　年
壬申　月
癸酉　日
辛酉　時

筆者繼大師分析安碑日課如下：

（一）日課本身月、日、時干為「壬、癸、辛」，是人中三奇貴格。

（二）「庚」山之祿在日課之年、月「申」支上，日課之年、月「申」支及日、時之「酉」支，在廿四山中「申、酉」拱「庚」山，以「庚」為尊，為拱格。

（三）「庚」山之祿，在日課之年、月「申」支上，因只得兩「申」支，故為半「聚祿格」，日課日、時之「酉」支亦屬金，大旺「庚」山，為同旺局。

（四）祭主「己」人命干之貴人到日課之年、月「申」支上，貴人口訣為：「乙、己」鼠（子）猴（申）鄉。」祭主「酉」人命支與日課之日、時「酉」支相同，亦為同旺局。

此日課能扶山相主，祖墳修造後一年多，祭主妻子懷孕生了一子，男孩於 2005 年陽曆 11 月 20 日早上八時出生，四柱八字為：

乙酉　年
丁亥　月
戊申　日
丙辰　時

若細看重修祖墳日課的話，會發覺有很多相合之處，除年干支不同外，筆者繼大師分析各天干的關係如下：

造葬日課「壬」月干與出生男孩「丁」月干合木。

造葬日課「戊」日干與出生男孩「癸」日干合火。

造葬日課「辛」時干與出生男孩「丙」時干合水。

若擇日安碑造葬，日課能扶山相主，墳穴的巒頭及理氣，形勢與向度能互相配合的話，據筆者繼大師的經驗，造葬後出生的後人，會因為造葬日課的影響，其出生的八字，亦會因此而有所契合。

若已出生的後人，如果造葬日課能夠相助，則時運亦會轉佳，好運尅應過後，再來就是墳穴巒頭及向度上的尅應，筆者繼大師述説其原則口訣如下：

擇日造葬日課尅應在先，力度較小而快捷。

墳穴巒頭及向度尅應較遲，力量較大而長遠。

這就是先後大小的分別，但切不可輕忽造葬日課，若坐山犯上凶煞，如三煞、都天煞、五黃二黑等凶星神煞，必有禍害，嚴重者會引致夭亡。雖然墳穴巒頭及向度納吉，但若造葬安碑犯此等時間上的神煞，則先尅應凶險，待凶事過後，墳穴位於良好的巒頭及收得吉向，就會有吉慶的尅應，是先凶後吉。但若兩者互相配合，則大吉大利也。

《本篇完》

（卅二）　出人丁及頭部的風水尅應

繼大師

有一位西馬姓陳的朋友，跟隨當地的一位名師駱師父學習風水，經過約六、七年的時光，在巒頭及理氣上，大部份都能掌握。他的祖父葬在馬來西亞雪蘭莪州一公眾墳場內，雪蘭莪州全境環繞吉隆坡市和布城這兩個聯邦直轄區，北部為霹靂州，東部為彭亨州，南部是森美蘭州。

祖父公墳坐巽向乾兼辰戌，取丁亥而大旺人丁，其太公祖墳夫婦在另一處公墳，太公祖墳曾經聘請地師造葬，墳碑坐庚向甲，葬在一孤崗頂的平地上，後方很遠始有一山丘，近後方基本上是沒有靠山的，但其太婆祖墳在側旁，緊貼後方的一棵大樹，兩墳都是左水倒右水。

其二叔公曾經大發過，但之後，其下一代子孫，全部都是患有蒙古症的人，陳生是太公的大房的孫子，因此並沒有低智商的子孫出生，只尅應二房祖父輩。

雖然沒有低智商的人出生，但是陳生的父親有一次曾經騎單車而發生意外，跌倒後腦，幸好受傷輕微，經醫治後便復原，又陳生在十多歲時去泳池游水，一不小心，頭部撞向泳池底，幾乎暈去失知覺而遇溺，幸好沒事，因此逃過一劫。筆者繼大師分析其尅應原因如下：

（一）太公山墳碑向在當元旺運時，向前方中間收逆水，祖叔父二房即大發，但當旺運過後，因後方沒有靠山，加上向度失元，靠山主尅應壽元，故影響頭部，或頭部有意外，或出低智商的人，或應短壽等人，主應二房。

（二）太婆山墳在太公山墳的左邊青龍方，其後方有大樹作靠，又立得下元旺向，前方亦收得逆水，故二房祖叔父輩發財。

陳生因學風水已有一定的程度，故自己極留意是否有陽居風水地，適逢在吉隆坡北面地方，有一圓金形頂的山崗，左右有砂脈守護，前面有暗藏的水流逆流而來，山崗丘面濶大，級級而下，眾多平房屋建在其間，佈滿整個山丘之下，形成一條小村落，盡處有一村屋，剛好有人放盤出售，因為某種原因，在交易上遇上種種困難，經過三年時間，幾經辛苦，始完成交易。

雖然懂得風水擇地的學問，若然福份不足，難免有些障礙，此屋在眾多房屋之中，為中間位置，在山丘底下，位於路邊旁，坐北朝南，丁山癸向兼午子，午方為圓金形頂的山崗位，南方為長壽峰，可助壽元。約裝修了半年後，在壬辰年入伙，入住後，到癸巳年，剛好行到此屋之「癸」向天干位，生了一幼子，一家五口，共有三個兒子，可謂旺丁之屋。

很明顯，此幼子因此地的地氣剋應而生的，筆者繼大師解說如下：

（一）房屋有地氣，有地氣則旺人丁，後有靠山，左右有龍虎護脈，面前有村落公路作平托，前有朝山。

（二）屋向旺局，為旺丁之向，丁山癸向，「丁」方有圓金形山丘頂，金星旺人丁也，兼又收得逆水。

此地有兩個缺點，筆者繼大師述之如下：

（一）屋前大局，為右水倒左水，左方不遠處雖然有山峰守護，但不夠高，其方位是下關方，砂手欠高，白虎方的砂脈高，為上手上，來水方的砂脈高名為「送水砂」，主耗財，故老婆掌權，用錢多於儲錢，老公辛苦賺錢，老婆用錢。

（二）屋前大門口對面村路，種有一棵非常高大的樹木，遮蔽了陽光，故並不開陽，生活較艱苦，約五年之後，大樹無故被人斬去，形勢改變，堂局變成開陽，生活較以前為順景。

故風水跟着命運走，有時有候，半點不由人，天下間是很公道的，有些風水地，若是發丁則財少，若是發財則丁少，很難兩全其美，有時候得到大財則壽元短少，有壽元則錢財少。剋應之事，依地勢、向度、方位等而效應不同，很少是十全十美的，故一切都順其自然則較為安樂，少煩惱，若能多修佈施增長善因，則福德長久，風水也會因此而改變，這全都是命運也。

《本篇完》

（卌三） 看風水的日課——風水師的惡夢

繼大師

風水師的行業，並非每個人都能夠做，老人家說，真正的風水明師大部份都很短壽，原因是給人家賜福、避開災難疾病等等，除非是混飯吃的。有一位朋友是風水師，一天接到他友人的 WhatsApp，通知他，有某人邀請他到深圳梧桐山上的豪華大宅看風水，WhatsApp 時間是陽曆 2018 年 12 月 28 日星期五，日值月破，四柱八字為：

戊戌　年
甲子　月
甲午　日
己巳　時

天干月、日為「甲」干，日、時「甲、己」干五合化土，「甲午」日為月破日，地支「子、午」相沖，日、時「午、巳」支火生土，火土大旺，風水師「丁未」年生，雖然不是天干三奇「甲、戊、庚」，但「戊」年、「甲」月、「甲」日等三天干的貴人到「未」年地師人命，風水師當晚「乙亥」時回覆，並且答應，時間剛好沖來電時間之「己巳」時，並將于 2019 年 1 月 1 日約 11:00am（午時）前往豪宅勘察，四柱八字為：

戊戌　年
甲子　月
戊戌　日
戊午　時

此看風水的日課亦是破時，三個「戊」干，雖然是隔干（隔月干）三朋格，但三個「戊」的陽刃在「午」時支上，一個陽刃可以，三個則太多了，陽刃主見血，易生意外，所以風水師應該擇日看風水，切勿在凶時用事，否則易沖煞當災。豪宅坐「子」向「午」，剛逢「甲子」月，兩地支同屬「子」，可惜沖日課「午」時。

（繼大師註：陽刃 ─ 「戊」祿在「巳」，隔鄰的一支「午」為陽刃，因為火土同氣故。「陽刃」的原理是天干與地支五行相同，但陰陽不同。例如「丙」陽火，與「午」陰火，則「丙」之陽刃到「午」。

十二支中「亥、巳」屬陽，「子、午」屬陰，此四支最特別，因為在「巳、午」在南，「亥、子」在北位，古代欽天監計算地球偏側 22 度半之故，所以計算方法不同，現時地球偏側 23 度半。筆者繼大師提示各讀者在使用這些時辰宜注意。）

該業餘風水師於翌日清晨發了一場惡夢，警示他有凶險破財等事，四柱八字為：

戊戌　年
甲子　月
乙未　日
己卯　時

此惡夢之日課「乙」日干之祿在「卯」時，「乙、己」日、時天干之貴人在「子」月支，「戊、甲」年、月干的貴人在「未」日支，很明顯有貴人提示，於是他考慮放棄看此門陽宅風水。

古時候風水明師擇有善德之人而做風水，現在時代不同，為了生活，也迫於無奈，即使替代也不理會了。筆者繼大師過去認識一位朋友，其祖父是風水師，為了生活，給人點穴造葬，自知數年後會歸西，由於生活迫人，在無可奈何之下，還是去做，結果不到五十歲便離世。

在上一世紀五六十年代，有一葉姓地師，在油麻磡村給鄧氏後人卜造鄧氏宗祠，自言祠堂完成後三年便會逝世，結果如他所料，其後人沒有足夠殮葬費，鄧氏後人為他出資作所有身後事的費用。因此風水師給人點穴造葬，必須作出替代或損耗自己福份而轉移給福主，雖然是這樣，不過信不信由你，風水師未來世福報會很大，或是在天上享福。

地師惡夢發後當日，立刻通知友人，取消行程，四柱八字為：

戊戌　年
甲子　月
乙未　日
乙酉　時

「乙酉」時剛好又是天尅地沖發惡夢的「己卯」時，一切似乎有定數，無論如何，為了保護自己，作為風水地師，必須謹慎行事，否則受害者是風水師自己！無論看陽宅或陰宅風水，勘察的日課，對風水師本身自己有着吉凶的提示及影響，不可不知也！

《本篇完》

（卅四） 流年日課及方位的吉凶——以「己亥」年為例

繼大師

每當擇日用事的時候，我們就要列出該年用事的吉凶方位，找出神煞，吉方可修，凶方則宜避免，所以我們每一個新年之前，都要做好一些擇日用事的資料，方便擇取吉方及吉日用事，下列以「己亥」年為例，每年都是如此計算，減少沖煞機會。

筆者繼大師現將「己亥」年的方位吉凶列之如下：

（一）太歲名「謝燾」（燾－音淘），是年沒有立春日，為「盲年」，太歲在「亥」方，歲破在「巳」方，名為「大耗」，極凶，不能沖犯，否則凶險異常。

（二）三煞在西方「兌宮」「庚、酉、辛」，劫煞在「申」，歲煞在「戌」。

（三）戊己都天煞在「辰、巳」，夾煞都天在「巽」。

（四）己亥流年紫白「八白星」入中，筆者繼大師知道為「布灑星」，即是「堅牢地神」，年紫白「五黃」凶星到西南方「坤」宮（未、坤、申），「申」月紫白「二黑」星飛入「坤」宮，為二五交加，故西南方忌動土，易損小口。

流年紫白「二黑」到東北方「艮」宮（丑、艮、寅），「寅」月及「亥」月，月紫白「五黃」星飛入東北方「艮」宮，為二五交加，忌動土。

（五）土王用事日，為陽曆 2019-4-18、2019-7-21、2019-10-21、2020-1-17 忌動土及奠基儀式。

（六）「分龍日」是龍神交接之時，為陽曆 2019-6-24，「三伏日」為陽曆 2019-7-12「初伏日」、2019-7-22「中伏日」、2019-8-11「末伏日」，忌動土及奠基儀式。

（七）四絕日為陽曆 2019-5-5（立夏前一天），陽曆 2019-8-7（立秋前一天），陽曆 2019-11-7（立冬前一天），大事勿用。筆者繼大師得知「己亥」年沒有「立春日」出現，故「四絕日」只得三天。

（八）四離日為陽曆 2019-3-20（春分前一天），陽曆 2019-6-20（夏至前一天），陽曆 2019-9-22（秋分前一天），陽曆 2019-12-21（冬至前一天），大事勿用。

（九）日食、月食前後七日內，大事勿用。今年出現三次，筆者繼大師列之如下：

日食在陽曆 2019-7-3，由陽曆 2019-6-27 至 2019-7-9 前七日及後七日，連本身日食之日，共13日，大事勿用。

月食在陽曆 2019-7-17，由陽曆 2019-7-11 至 2019-7-23 前七日及後七日，連本身月食之日，共13日，大事勿用。

日食在陽曆 2019-12-26，由陽曆 2019-12-20 至 2020-1-1 前七日及後七日，連本身日食之日，共13日，大事勿用。

另外，楊公忌日及煞師日，地師與人造葬安碑時頗要小心了，是唐、楊筠松風水祖師根據廿八星宿輪值而定出的，全年有十三日，可參考通勝內的日期，如想更清楚的話，可參看筆者繼大師著《正五行擇日精義進階》第19章《班煞日及楊公忌日的禁忌》。

我們如果將每年流年的方位吉凶定出，造葬陰墳及陽居裝修時避免沖犯，則可減少發生凶險的機會，能夠造福人群，善莫大焉。

《本篇完》

（卅五） 朝山的尅應

繼大師

大凡吉穴，必須俱備結穴的條件，必須有來龍、靠山、左右兩邊有龍虎護砂、明堂、案山及朝山等所有砂物，然而吉穴雖然得位，但四週的砂脈，或許會有一些瑕疵，筆者繼大師考察無數龍穴，所得到的經驗就是，沒有一個龍穴是沒有瑕疵的，天下間真的沒有十全十美的龍穴，不過地師可以作出選擇。例如：

（一）穴位低結，靠山不高，前面朝山高聳，穴必能收得逆水，好處就是收到逆水能發富，壞處就是靠山不高壽元短少。

（二）穴位來龍長遠，靠山高聳，前方是一大片平地，很遠始有朝山，而朝山不高，好處就是靠山高而壽元亦高，壞處就是送水局，主人貧窮。

（三）山頂結穴，左右界水極深，左右方有夾耳砂僅僅包過穴位，後方沒有近靠，只有遠靠，前方近處有橫欄一案，前朝層層疊起，主大房及三房皆絕，僅發二房。

（四）吉穴能收得逆水而使後人得財，但前案有抱頭砂，或鵝頸砂，雖收得錢財，而後人邪淫。或是前面堂局大而散蕩，堂局上有很多石塊，像番攤的碼子，主二房出賭徒。

筆者繼大師只舉出四點例子，其餘還有無數的吉凶同應的穴地，一般常見的就是朝山的瑕疵，不要以為風景優美，就是好風水地，若朝山有損破或有缺陷，會直接影響二房之吉凶。如果是穴位，無論陰宅或陽居，前面朝山有落脈，脈向左或右方長長地反走而去，表示無情，穴前方主二房，反面無情，不顧父母，筆者繼大師認為雖然朝山高聳，後代得到錢財，但不顧祖宗，出不孝之兒。

又要看看朝山山脈所走的方向而定，這有兩種可能性，筆者繼大師解釋如下：

（一）無論朝山發出的山脈向左或右方走，若是去水方，則會敗其祖先家財，或有麻煩事產生，拖累家人，或要賠錢給人，或自己會破產。

（二）相反，若朝山所走的方向，遠處是高山，即是來水方，例如朝山走向青龍方，青龍方遠處是群山高聳，是來水方，而且層層疊起，穴前中央是一大片平地，明堂空蕩，則二房離開家鄉而發跡。

（三）若朝山有特朝尖峰，山峰歪斜，雖然是穴中正朝之山，但出人會「有官無位」，即是有官職而無實權，筆者繼大師勘察過西貢百花林孫中山先生母親之墓穴，正收極遠之尖峰，為南蛇尖山峰，山峰略帶歪斜，向度未能完成收到，雖然革命成功，但國父沒有實權。

在**《地理人子須知》**（乾坤出版社）**〈卷三下〉**（第181頁）**〈論朝山証穴〉**云：

「《圓機歌》云。秀應在左。穴居左。秀應在右則穴宜向右。皆是朝山定穴之法也。故朝山高。穴宜高。朝山低。穴宜低。朝山近。恐淩壓。穴必上聚。宜尋天穴。朝山遠。則氣易散。穴必融結於低處。或就堂局。或就下砂。宜尋地穴。」……

此段是**《論朝山証穴》**之方法，是概說，是一些基本原則，筆者繼大師認為穴法是非常靈活的，不能拘泥於小節，但這些原則性極為合理，此段的重點是：

（一）朝山若高聳，穴宜向高處尋。朝山若低小，穴宜向低處尋，朝山為賓客，穴為主人，賓主要相合，依此原則定穴，朝山則不會過高或過低，符合點穴原則，口訣是：

「高要齊眉。低要齊心。」

（二）特朝之山偏於左，穴宜向左方尋。特朝之山偏於右，穴宜向右方尋，這表示賓主相迎，穴位能正收朝山也，不過最重要的地方，就是要看落脈的位置是否配合。

（三）朝山若近穴，或高度特高，則恐防有欺壓穴位之煞。朝山若在遠處，穴與朝山之間的堂局必然深廣，則生氣易散，點穴必須在低處尋。更看何方是去水方，去水之處要有山丘或山脈關闌，此謂之「下關砂」，有下關砂守護，吉穴自然氣聚，後代子孫則發富也。

以筆者繼大師的經驗，真龍龍脈一直而來，落至脈氣有變化的地方，就是結穴之處，一般龍脈，只可結一穴，亦可以結兩穴，最多結三個穴，但此種情況極為罕有，此謂之「天、地、人」三穴。「天穴」者高結之穴，「地穴」者低結之穴，「人穴」之地，即是不高不低之吉穴，全看穴前朝案之山的高度，配合來脈而定位。

總之，朝山之尅應，千變萬化，不能盡述，巒頭配合理氣，始能推算得準確，必須跟隨明師學習，始得真傳。

《本篇完》

（卅六） 五不遇時未必凶（出書版）

繼大師

在正五行擇日法中，有「五不遇時」，在**《選擇求真》〈卷二〉〈用時法〉**（玄學出版社印行，內第65頁－66頁）云：

「時干尅日干。名為五不遇。次凶。如甲日庚午時之類。……然時建吉。與日比和也。但犯五不遇則凶。古人多用建時。決不用破時。用五不遇亦少。」

上午此段說明：

（一）時干尅日干，名為五不遇時。

（二）古人多用建時，而不用破時，「建時」即是例如「庚子」日，用「丙子」時，「子日、子時」為之「建時」，時與日支相同也。

（三）用「五不遇時」者亦少，並謂「犯五不遇則凶。」

筆者繼大師認為，用「五不遇時」未必是凶，例如用事日課擇於陽曆2019年7月25日下午2時，日課四柱為：

己亥　年
辛未　月
癸亥　日
己未　時

這日課之「己」時干剋「癸」日干，為五不遇時，筆者繼大師發覺此日課地支為「亥、未」半三合木局，邀「卯」支而拱「卯」支，為「邀拱格」，配以「卯」山及「乙卯」人命則大吉，「乙」祿在「卯」支而被日課地支「亥、未」所邀拱，為「拱祿格」，非常相配，故日課的選擇，全仗擇日師的功夫。

筆者繼大師再舉一例子，這個例子擇於早上四時正安金，這是很罕見的，適逢夏天炎熱，早上較為清涼，要具備大光燈，不過這只是舉例而矣，地師要衡量一下，能否夠順利安金，茲列如下：有「辛未」年祭主生人，修造「艮」山，擇於陽曆 2019 年 6 月 30 日 4:00am，日課四柱為：

己亥　年
庚午　月
戊戌　日
甲寅　時

此日課「甲」時回尅「戊」日，是「五不遇時」，**《選擇求真》〈卷二〉〈用時法〉**謂**「但犯五不遇則凶。」**但這日課並非一般的日課，筆者繼大師分析其好處如下：

（一）日課之時、日、月之天干為天上三奇「甲、戊、庚」，其貴人到「未」祭主人命支上。「辛未」年命祭主之「辛」干，其貴人到日課之「寅」時支及「午」月支上，互為貴人。

（二）廿四山之「艮、寅」二山為雙山關係，祭主之「辛」天干，其貴人到「寅」山，「艮、寅」為雙山五行關係，故此祭主之「辛」天干的貴人到「艮」山。

（三）地支「寅、戌、午」為三合火局，大大生旺「艮」山。

雖然此日課是「五不遇時」，但能夠扶山相主，則是大吉的日課。

「五不遇時」是日天干與時天干的關係，十天干為：

「甲、乙、丙、丁、戊、己、庚、辛、壬、癸」。

若時天干尅日天干，該時辰為「日尅時」，天干被尅則為七煞，十天干的七煞，筆者繼大師列之如下：

「庚為甲之七煞。辛為乙之七煞。壬為丙之七煞。癸為丁之七煞。甲為戊之七煞。乙為己之七煞。丙為庚之七煞。丁為辛之七煞。戊為壬之七煞。己為癸之七煞。」

其五行為：「金尅木，水尅火，木尅土，火尅金，土尅水。」

「五不遇時」為天干的日尅時，就是：

「庚時－甲日，辛時－乙日，壬時－丙日，癸時－丁日，甲時－戊日，乙時－己日，丙時－庚日，丁時－辛日，戊時－壬日，己時－癸日。」

筆者繼大師現以「庚子」日為例，列出五個尅日干之時辰如下：

「丙辰」時尅「庚子」日。

「丙戌」時尅「庚子」日。

「丙子」時尅「庚子」日。

「丙寅」時尅「庚子」日。

「丙申」時尅「庚子」日。

以上五個尅日干之時辰，唯獨欠缺「丙午」時，因為「丙午」時是天尅地沖「庚子」日，我們除去地支相沖之時，其餘五個尅日干之時辰，就是「五不遇時」。

筆者繼大師的解釋是：

五個時辰（丙辰、丙戌、丙子、丙寅、丙申），沒有一個時辰的地支是遇上相沖「庚子」日的，因此，這五個時辰，稱為：「五不遇時」。

「庚子」日用「日上起時法」，初子時起「丙子」，故只有「丙子」及「丙戌」時，並沒有「丙辰、丙寅、丙申」等時，只是在命名上的一種解釋而已。

《本篇完》

後記

繼大師

一篇篇的文章，種種的個案，不同的寶貴經驗，將這些點滴寫下來，就成了一本書**《擇日風水尅應》**可以說是演繹正五行擇日法証驗的結果，將理論付於實際行動，得到預期的吉應。

相反，日課用得不當，凶事應矣。但有時身不由己，選擇日課，用事時陰差陽錯，時間耽誤，災禍生矣，這就是命運，命運的背後，就是因果。

得到好風水地，運程轉好，不懂修福，做下惡業，致風水改變，吉變凶，這種事情經常出現，這就是無常。世界萬事萬物，不停在變，陰陽相錯，**《易經》**說：

「亢龍有悔。……否極泰來。」

人生命運跟隨着大時代運程而行，即是一個大太極，若我們懂得隨着大時代之太極元運而活，出入有時，進退有序，則可以趨吉避凶。

時間的巨輪，掌管宇宙間的一切事物，成住壞空在其間，就是密教香格里拉淨土的時輪金剛了。有時是「吉即是凶」，或「凶即是吉」，禍福相依，循環不息。古今對於風水的尅應，說也說不完，將來若有機緣，筆者繼大師會把多些風水尅應的個案一一說出。

繼大師寫於香港明性洞天

己亥年仲夏吉日

榮光園有限公司出版有：

繼大師著作目錄

正五行擇日系列

1《正五行擇日精義初階》

2《正五行擇日精義中階》

風水巒頭系列

3《龍法精義初階》

4《龍法精義高階》

正五行擇日系列

5《正五行擇日精義進階》

6《正五行擇日秘法心要》

7《紫白精義全書初階》

8《紫白精義全書高階》（附《紫白原本錄要》及八宅詳解）

9《正五行擇日精義高階》（附日課精解）

10《擇日風水問答錄》

風水巒頭系列

11《砂法精義一》

12《砂法精義二》

擇日風水系列

13《擇日風水尅應》

風水文章系列

14《風水謬論辨正》

風水巒頭系列

15《大都會風水秘典》

16《大陽居風水秘典》

風水古籍註解系列

17《三元地理辨惑》馬泰青著（繼大師標點校對）

18《三元地理辨惑白話真解》馬泰青著（繼大師意譯及註解）

未出版：

大地遊踪系列

19《大地墳穴風水》
20《風水秘義》
21《風水靈穴釋義》
22《香港風水穴地》
23《中國廟宇風水》
24《香港廟宇風水》
25《港澳廟宇風水》
26《廟宇風水傳奇》
27《大地風水遊踪》
28《大地風水神異》
29《大地風水傳奇》

風水古籍註解系列

30《青烏經暨風水口義釋義註譯》
31《管虢詩括暨葬書釋義註解》
32《管氏指蒙雜錄釋義註解》
33《千金賦說文圖解註解》
34《雪心賦圖文解義》（全四冊）（繼大師註解）

三元易盤卦理系列

35《地理辨正疏解》（線裝書系列）
黃石公傳　赤松子述義　楊筠松著
曾求己著　蔣大鴻註及傳　姜垚註
張心言疏　繼大師註解
36《三元地理命卦精解》（線裝書系列）
37《地理辨正精華錄》（線裝書系列）

風水明師史傳系列

38《風水祖師蔣大鴻史傳》（線裝書系列）
39《三元易盤風水地師呂克明傳》（線裝書系列）

榮光園有限公司簡介

榮光園以發揚中華五術為宗旨的文化地方，以出版五術書籍為主，首以風水學，次為占卜學，再為擇日學。

風水學以三元易卦風水為主，以楊筠松、蔣大鴻、張心言等風水明師為理氣之宗，以形勢「巒頭」為用。占卜以文王卦為主，擇日以楊筠松祖師的正五行造命擇日法為主。

為闡明中國風水學問，用中國畫的技法劃出山巒，以表達風水上之龍、穴、砂及水的結構，以國畫形式出版，亦將會出版中國經典風水古籍，加上插圖及註解去重新演繹其神韻。

日後榮光園若有新的發展構思，定當向各讀者介紹。

作者簡介

出生於香港的繼大師，年青時熱愛於宗教、五術及音樂藝術，八七至九六年間，隨呂克明先生學習三元陰陽二宅風水及正五行擇日等學問，於八九年拜師入其門下。

正五行擇日教科書系列 — 擇日風水尅應

出版社：榮光園有限公司 Wing Kwong Yuen Limited
香港新界葵涌大連排道35-41號, 金基工業大廈12字樓D室
Flat D, 12/F, Gold King Industrial Building,
35-41 Tai Lin Pai Road, Kwai Chung, N.T., Hong Kong
電話：(852) 6850 1109
電郵：wingkwongyuen@gmail.com

發行：香港聯合書刊物流有限公司 SUP Publishing Logistics (HK) Limited
地址：香港新界荃灣德士古道220～248號荃灣工業中心16樓
16/F, Tsuen Wan Industrial Centre, 220-248 Texaco Road, Tsuen Wan, NT, Hong Kong
電話：(852) 2150 2100
電郵：info@suplogistics.com.hk

印刷：榮光園有限公司 Wing Kwong Yuen Limited
作者：繼大師
電郵：masterskaitai@gmail.com
網誌：kaitaimasters.blogspot.hk

978-988-79095-2-1

版次：2021年4月 第一次版
定價：HK$200

ISBN 978-988-79095-2-1